유라시아
방랑여행기

서지산

100일만에
10cm

당신의 배꼽을 공격할 스물다섯 청년의
황당한 유라시아 방랑기

새라의숲
SARAH FOREST

100일만에
10cm

추천사

오종호 터칭마이크 대표, 작가, 시인,
저서: 「뒤늦말」, 「시오의 아침비행기」, 「가자! 지교」 등 다수

    군대에서 사회로 갓 풀려난 그는 젊고 싱싱했다. 20대 중반의 청년 시절, 누구나 젊을 수 있지만 아무나 싱싱할 수는 없다. 희망이 증발된 사회에서는 미래가 쉽게 겨냥되지 않기 때문이다. 부초처럼 흔들리는 수많은 인생 선배들은 몸으로 깨달은 지혜라도 쥐고 있지만 청춘의 맨몸에 젊음은 갑옷이 되어주지 못한다. 그런데 서지산은 맘껏 싱싱했다. 기성세대의 판에 들어와 함께 어울리고 배우기를 마다하지 않았다. 그가 작가가 되었다.

    서지산은 서평 블로그를 운영하며 책을 읽고 글을 썼다. 그는 젊지만 그의 글은 미숙하지 않았다. 그의 몸처럼 눈빛처럼 그의 글은 싱싱하게 펄떡거렸다. 중국과 동남아에 이어 유럽 일주까지, 100일간의 여행을 마치고 돌아와 그가 들려준 주저 없는 용기와 나이를 뛰어넘은 잔잔한 사유의 행적은 모험과 사람을 끌어안고 있어 눈앞인 듯 생생하다.

10cm 훌쩍 커서 돌아온 서지산 작가의 남다른 100일간의 여행 속으로 풍덩 들어가 보자. 이 책이 당신만의 특별한 여행을 계획하는 즐거운 계기가 되기를 희망한다. 세상에는, 사람들에게는, 여전히 당신의 발길이 닿기를 기다리는 이야기가 얼마나 많을 것인가. 우리 모두는 타고난 여행가다. 다만, 훌쩍 떠나는 용기를 잃어 버렸을 뿐이다. 이 책이 움츠러든 당신의 본능을 깨우는 자명종이 되길 희망한다. 어느 대목을 펼쳐도 낯설지만 마음을 두드리는 음악이 매번 흘러나오는...

김진범 (전)주식회사 한아름종합금융 사장
저서:「날 더러 웃겨달라고?」,「날 더러 또 웃겨달라고?」

오랜만에 신선한 여행기를 접했다. 간결한 문장, 감칠 맛 나는 표현, 함축된 유머가 어우러져 단숨에 읽게 만든다.

...분명 홀로 여행을 출발했던 나였다. 그런데 어쩌다 보니 전 세계 사람들과 약속을 잡고 있었다. 의문스러울 뿐이었다...

...두브로브니크에 단점이 하나 있다면 그건 계단이 너무 많았다는 것이다. 정말 심각하게 많았다. 자비 없이 펼쳐진 계단을 올랐다...

여행기는 자칫 평면적으로 서술하게 되어 감흥을 주는데 아쉬움이 있을 수도 있다. 그런데 이 여행기는 색다르다. 방문지의 역사, 문화, 풍광, 여행 중에 만나는 사람들과 얽힌 이야기를 맛깔스럽게 풀어내고 있다. 읽는 동안 마치 나 자신이 여행하고 있는 것 같은 착각에 빠지기도 한다. 분명 엄청난 독서량이 뒷받침되어있음을 짐작케 한다.

연휴 때마다 인천공항이 여행객들로 꽉 찬다. 어느새 해외여행이 일상화된 느낌이다. 좋은 일이다. 하지만 안타까운 면도 있다. 여전히 많은 사람들이 어디 다녀왔다는데 의미를 두거나, 셀카 찍기에 급급한 모습을 보게 된다. 여행문화에도 변화가 필요하다. 근래 들어 탐방여행이 퍼져가고 있는 것은 바람직한 현상이다. 이 책이 여행문화변화에 한 가닥 촉매제가 되었으면 한다.

앞으로 어떻게 의미 있는 여행을 할 것인가를 생각하는 사람들에게 이 책은 좋은 지침서가 될 것이다. 특히 처음으로 외국여행을 하려는 젊은이들에게는 주저 없이 일독을 권하고 싶다.

유지희 시인
시집:「불칸목련」, 「시간과 마주할 때」 등

 길을 떠난다는 것, 그것은 언제나 설레는 일이고 미지의 세계를 향한 끝없는 갈증이다. 머리와 가슴에서 파도처럼 밀려오는 삶은 바람이 불 때마다 방향을 달리한다.

 여행에 대한 목마름에 가슴이 허전해지던 어느 날, 서지산의 '100일만에 10cm'를 e-book으로 읽었다. 평소에 걷기와 글쓰기를 좋아하여 틈틈이 블로그에 글을 올리던 준수한 청년이 108일 동안 세계 곳곳을 걸으며 보고 듣고 생각하고 느낀 것들을 싱그러운 바람의 언어로 쓴 여행기다.

 바람의 언어! 그것은 바로 혼자 떠난 여행길에서 터득한 지혜와 감성이 빚어낸 언어다.

 인생의 황금기인 이십대 중반의 젊은이가 세상을 바라보는 눈이 어찌나 신선하고 따스하던지! 긴 여정을 걸으며 만난 수많은 사람들의 마음을 읽어내는 지혜가 빛나는 초록 잎처럼 반짝였다. 때로는 한 편의 시처럼, 때로는 신나는 음악처럼 커다란 울림이 되어 책을 읽는 사람들 가슴에 스며들기를 바란다.

Contents

Prologue | 공항으로 가며

황당 감격스럽다. 내 이름이 박힌 책에 서문이랍시고 쓰자니 든 생각이다. 2012년 12월 24일, 축복의 크리스마스이브, 여자보다 비둘기가 많았던 솔로대첩이 벌어진 날이었다. 나는 논산으로 가고 있었다. 크리스마스이브 입대라니, 날짜 한번 기가 막혔다. 입대 다음 날은 화이트 크리스마스였다. 축복 속에 눈을 치웠다. 이리 치이고 저리 치여 댔다. 그러다 휴가를 나갔다.

친구를 만났다. 꽤나 비싼 술을 마셨다. 손이 떨렸다. 내 월급은 고작 10만 원이지 않았던가. 친구 놈이 입을 열었다. 자기가 계산하겠단다. 무슨 소린가 싶었다. 자기는 파워블로거라 공짜로 계산할 수 있다는 대답이 돌아왔다. 훌륭한 친구였다. 감개무량했다. 동시에 단어 하나가 뇌리를 스쳤다. 블로그! 이거였다. 할 일이 생긴 듯했다. 남은 군 생활 내내 걸그룹만 쳐다볼 수는 없었다. 블로그를 한다면 적어도 술은 공짜로 먹겠구나 싶었다. 부대로 돌아갔다. 손에는 책 한권이 들려있었다. 블로그 관련 서적이었다.

주제로 삼을 게 딱히 없었다. 음식과 패션에 대한 블로그를 하는 건 불가능했다. 당시 내가 먹을 수 있는 가장 맛있는 음식은 컵라면이었다. 아무리 멋을 내봤자 국방색을 넘어 설 수는 없었다. 내무반 한쪽에 눈이 갔다. 수북이 먼지가 쌓인 뭔가가 있었다. 책이었다.

간간히 책을 읽고 독후감을 블로그에 올렸다. 신기한 일이 벌어졌다. 강원도에 박혀서 쓴 글을 누군가가 읽었다. 방문자 수가 늘었다. 가끔씩은 내가 읽었던 책의 저자와 연락이 닿기까지 했다. 책 읽는 시간이 늘어갔다. 블로그엔 점점 더 많은 사람들이 들어왔다. 그 와중 전역을 했다. 우연히 한 블로거를 알게 됐다. 동갑내기 대학생이었다. 자기 이름을 박은 책을 펴냈다고 했다. "나랑 동갑인데 책을 썼다고? 그럼 나도 한번?" 예비역 병장의 철없는 패기였다. 온 세상이 자기 발바닥 아래에 있었나 보다.

막상 쓸 게 없었다. 문학은 꿈도 못 꿨다. 교양서? 웃기는 소리다. 내 뇌는 한 없이 깨끗하다. 자기계발서? 역시나 어림없는 소리다. 나는 그냥 평범한 복학생이다. 순간 '여행'이 떠올랐다. 여행기는 해볼만 해보였다. 일단 다녀오면 장땡이지 않나 싶었다(물론 이 역시 철없는 생각이었다. 책을 낸다는 보장도 없지 않았는가?). 찾아보니 또래 여행 작가도 많았다. 우선 시범 여행을 떠나보자 마음을 먹었다. 여행이 나와 맞는지 확인할 필요가 있었기 때문이다. 그렇게 생애 첫 배낭여행을 떠났다.

시범여행치고는 험난했다. 서울에서 중국을 거쳐 태국 방콕까지, 한 달 일정이었다. 여기까지는 무난해 보인다. 다만 비행기를 안타고 갔던 게 문제였다. 인천에서 배를 타고 중국 칭따오로 넘어갔다. 양꼬치에 '칭따오' 한 모금을 들이켰다. 기차로 중국 남부까지 내달렸다. 비좁은 버스로 베트남 국경을 넘었다. 하노이에 도착했다. 3일간 베트남 종단기차에 박혀 있었다. 베트남 남부 호치민 시티에 다다랐다. 베트남 전통 커피 한 잔을 들이부었다. 버스를 탔다. 캄보디아로 넘어갔다. 앙코르와트가 나왔다. 1월인데도 영상 30도를 육박했다. 다시 버스를 탔다. 태국 방콕에 다다랐다. 기어코 살아남았다. 안도감이 밀려왔다. 똠양꿍을 흡입했다. 인천행 비행기에 올랐다. 한 달 여정이 여섯 시간 만에 주파됐다. 조용히 생각해봤다. 여행, 가볼만 하겠다. 이번 가을엔 시베리아 열차를 타봐야겠다. 적어도 80일은 버텨보자!

집에 돌아왔다. 할 일이 많았다. 우선은 돈을 모아야 했다. 학교 다니며 아르바이트를 했다. 각종 대학교 캠퍼스에 포스터를 붙이는 일이었다. 네 달 정도 지났다. 달인의 경지에 이르렀다. 포스터 100장을 한 시간 안에 마무리했다. 여름방학엔 신문사 인턴도 병행했다. 얼추 400만 원이 모였다. 부모님께서 100만 원 정도 보태주셨다. 아마도 죽지만 말라는 의미였을 게다.

돈만 부족한 건 아니었다. 여행기를 쓸 깜냥이 미천했다. 서울에서 방콕까지 육로로 내달릴 때였다. 여행기를 적어봤다. 형편없었다. 거슬리는 문장 천지였다. 하나 같이 뚱뚱하고 가식적이었다. 그래서 책을 읽었다. 꼴에 유명한 인문 교양서들도 읽어댔다. 여행기도 빼놓지 않았다. 조금이나마 날씬하고 진솔한 글 실력을 지니고 싶어서였다.

어떻든 2015년 9월 13일이 되었다. 블라디보스토크로 갈 날이 됐다. 이 책은 여기서부터 시작한다. 바로 뒤엔 9,228km를 내달리는 시베리아 횡단열차가 버티고 있었다. 그 뒤엔 러시아, 동유럽, 서유럽, 발칸반도, 심지어 카자흐스탄까지 기다리고 있었다. 많은 일들이 돌진해 왔다. 대부분 예상을 벗어난 일들이었다. 생전 들어본 적

없는 나라에 떨어졌을 때도 많았다. 울분과 분노가 치솟았다. 이 과정을 재밌고 현실감 있는 글로 옮겨보려 했다. 감상에 젖은 여행기보단 폭소를 자아내는 글을 써보고 싶었다. 그렇다고 아무 의미 없는 글을 쓰고 싶지도 않았다. 재미와 의미를 함께 담아보고자 했다. 그 목표가 이뤄졌는지는 모르겠다. 독자 여러분이 판단해주길 바랄 뿐이다.

시작 전에 한마디 더해본다. 부모님을 비롯한 모든 가족 분들과 친구들, 그리고 블로그를 찾아주셨던 모든 분들께 정말 감사하다. 또 여행이란 키워드를 던져준 터칭마이크 오종호 대표님과 이 책을 세상에 내게 해준 도서출판 새라의 숲 조전회 대표님께도 감사하다. 한두 분씩 언급하다 보면 끝이 없을 것 같아 이렇게만 적는다. 많은 분들께 셀 수 없이 많은 도움을 받아왔다. 혼자였다면 이 책은 나올 수 없었다. 덕분에 공짜 술을 탐내던 내가 이런 글도 쓰고 있다. 다시 한 번 황당 감격스럽다는 말을 남긴다.

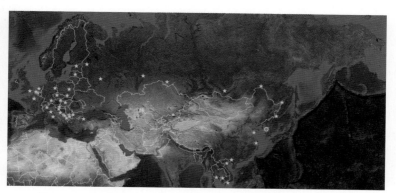

25일 간 내달렸던 서울-방콕 육로 여정과 83일간 내달렸던 유라시아 여정

CHAPTER 1
러시아 & 동유럽

블라디보스토크 러시아여자는 정말

블라디보스토크로 향하는 비행기에 올랐다. 러시아 비행기였다. 한국인이라고는 열 명 남짓밖에 없었다. 안내방송에선 러시아어만이 들려왔다. 승무원 아주머니들은 귀찮은 표정을 지으며 안전교육을 해댔다. 안전교육이라기 보단 국민체조에 가까운 모양이었다. 이런 상황 속에 놓인 나, 별별 걱정이 들었다. 영화에서나 보던 비행기 추락 장면이 떠올랐다. 당장이라도 집에 돌아가야 하나 싶었다. 이런 내 마음을 아는지 모르는지. 비행기는 미지의 하늘로 떠올랐다. 공항에서 봤던 예쁜 승무원 누나들을 떠올려봤다. 안정이 되는 듯했다.

다행히도 블록버스터 장면은 일어나지 않았다. 비행기는 무사히 착륙에 성공했다. 비행기 밖으로 빠져 나왔다. 또 다른 긴장감에 휩싸였다. 러시아에 대한 무시무시한 소문들이 떠올랐던 것이다. 나는 러시아가 사계절 내내 추운 나라일 줄 알았다. '오줌이 땅에 떨어지기도 전에 얼어버린다.'는 말을 철썩 같이 믿고 있었기 때문이다. 또한 러시아 입국 심사가 군견을 대동한 경찰과 함께 진행 될 줄 알았다. 인천 공항에서 체크인을 할 때였다. 체크인을 도와줬던 승무원 누나는 다음과 같은 말을 날렸다. "러시아 공항에서 인터뷰 잘못 하시면 출국 당하실 수도 있어요." 참 친절한 충고였다.

불안감을 가득 안은 채 검문대로 걸어갔다. 모든 게 기우였음이 밝혀졌다. 블라디보스토크 공항엔 군견이 존재하지 않았다. 검문은

블라디보스토크 공항. 러시아에도 계절이란 게 있었다

그 어느 나라보다도 순조롭게 이뤄졌다. 게다가 9월 중순의 러시아는 춥지 않았다. 완연한 가을 하늘이 나를 반기고 있었을 뿐이었다. 러시아에 대한 고정관념 두 개가 허망하게 깨져버렸다.

고정관념이 모두 깨졌던 건 아니었다. 공항버스라고 우겨대는 봉고차에 갇혀 있을 때였다. 맞은편에 앉은 러시아 남자가 연신 가슴털을 자랑하며 나를 노려봤다. 내가 신기한 건지, 아니면 동양인을 멸시하는 건지, 갈피를 잡을 수 없었다. 그저 '동양인 새끼!'라며 칼을 꺼내들 것만 같았다. 물론 그런 일은 일어나지 않았다. 사람들이 하는 말이 다 맞는 건 아니었다. 맞는 것도, 틀린 것도 섞여 있을 뿐이었다.

안내방송 조차 없던 '공항봉고'에서 용케 제대로 내렸다. 약도를 따라 호스텔로 갔다. 짐을 풀었다. 배가 고팠다. 전투식량 저리가라 할 정도로 딱딱했던(샌드위치라고 불리던) 기내식 때문이었다. 곧장 먹을 걸 찾아 길거리로 나섰다. 근처 햄버거 가게로 들어갔다. 테이블에 앉아 햄버거 한 입을 베어 물었다. 식당 벽에는 어항이 설치되어 있었다. 물고기들이 나를 노려봤다. 내 입에 피쉬버거가 담기고 있다는 걸 알아챈 게 분명했다.

내일을 기약하며 숙소로 돌아왔다. 방문을 열었다. 딱 봐도 한국인 아우라를 풍기고 있는 아저씨가 보였다. 아저씨 어깨에는 송월타월이 걸려 있었다. 자연스레 대화가 시작됐다. 서로의 여행에 대한 이야기였다. 아저씨에게 내 계획을 쏟아냈다. '80일 간 여행을 한다고? 대단한데?'라는 대답이 돌아올 거라 짐작해봤다.

기대는 무너졌다. 내게 돌아온 대답은 "80일? 그것가지고 되겠나?"였다. 은퇴기념으로 120일 간 유럽일주를 마친 아저씨다웠다.

공항버스

블라디보스토크 기차역. 공항버스라 우기던 봉고차를 타고 도착했다

신선했다. 내 여정을 짧다고 말한 사람은 처음이었기 때문이다. 한국에선 걱정을 담은 한 마디나, 대단하다는 의미 없는 칭찬만 받았다. 이 아저씨는 달랐다. 80일이면 부족할 수 있을 거란 말을 반복할 뿐이었다. 한 가지 일에도 여러 시선이 존재할 수 있음을 느꼈다. 물론 그 시선들은 다 맞는 것도, 다 틀린 것도 아닐 게다. 뭐든 문을 열고 나가 직접 확인하는 게 중요하겠구나 싶었다.

어느덧 하루가 저물고 있었다. 83일 중 첫날이 사라지고 있었다. 잠이 오지 않았다. 다시금 밖으로 나가봤다. 도로를 쳐다봤다. 운전석이 왼쪽에 달린 차와 오른쪽에 달린 차가 뒤섞여 있었다. 어떠한 혼돈도 보이지 않았다. 제각각 갈 길을 가고 있을 뿐이었다. 서로 다른 방식들이 섞여 있었지만 질서는 유지됐다.

다음 날, 호스텔에서 또 다른 한국인들을 만났다. 그들 역시 시베

블라디보스토크 거리

리아 횡단열차에 오를 예정이란다. 함께 시내를 둘러보기로 했다. 밖으로 나섰다. 유난히 더웠다. 땀으로 홀라당 젖을 정도였다. 얼마 지나지 않아서는 마음마저 녹아내리기 시작했다. 말로만 듣던 러시아 미녀들이 심장에 폭격을 해댔기 때문이다. 5분마다 슈퍼모델 한 명이 지나가는 꼴이었다. 러시아 여자에 대한 소문은 헛소문이 아니었다.

몸과 마음이 한껏 달아오르던 차, 독수리 언덕으로 기어 올라갔다. 독수리 언덕은 블라디보스토크의 남산 같은 곳이었다. 정상에 올랐다. 블라디보스토크 전경이 보였다. 항구에서 불어오는 바람이 달아오른 나를 식혀줬다. 한숨 돌린 우리는 블라디보스토크의 명동, 아르바트 거리로 향했다. 현지인이 추천해준 팬케이크 집으로 들어갔다. 촉촉한 빵과 달콤한 시럽이 혀를 달아오르게 했다.

독수리 언덕

블라디보스토크의 아르바트거리

팬케이크 집

해상공원

블라디보스토크 전쟁 기념 공원. 내 카메라는 다른 곳을 쳐다보고 있다

어느덧 시베리아 횡단열차에 오를 순간이 다가오고 있었다. 더 이상 미녀들에게 정신 팔려 있을 수만은 없었다. 기차에서 먹을 음식을 구해야 했다. 마트로 향했다. 온갖 액체와 즉석식품들을 사들였다. 숙소에서 만난 한국인 형 H는 보드카까지 챙겼다. 기념으로 가져갈 거란다. 그때까지만 해도 그 보드카가 얼마나 빨리 사라질 지는, 누구도 예상하지 못했다.

생존을 위한 쇼핑을 마쳤다. 우리 넷은 최후의 만찬을 즐기기로 결심했다. 해변에 위치한 식당으로 갔다. 샤슬릭(러시아식 스테이크)과 킹크랩, 새우구이를 닥치는 대로 뜯어냈다. 기차 안에선 단 한 끼도 먹을 수 없는 사람들처럼 말이다. 배가 부풀어 올랐다. 시간은 홀쭉해져갔다. 이젠 정말 역으로 가야했다.

드디어 시베리아 횡단열차에 몸을 실었다. 곧바로 다른 이와 표를 교환하고자 했다. 숙소에서 만난 한국인 H형 옆자리에 앉기 위해서였다. 시도는 철저히 짓밟혔다. 귀엽게 머리를 땋은 차장이 험악한 러시아어를 쏟아냈다. 무슨 말인지 알아들을 수 없었다. 아무래도 꺼지라는 소리 같았다. 황급히 원래 자리로 돌아갔다. 이번엔 중년 여성이 다가왔다. 또 다른 차장이었다(횡단열차에는 칸마다 차장이 한명씩 있었다). 다시 한 번 러시아 욕을 들어야 했다. 러시아어를 한 마디도 못하는 나는 입을 다물고 있을 수밖에 없었다. 변명 한 번 하지 못했다. 주변 러시아인들은 웃어대기 바빴다. 눈앞이 캄캄해졌다. 이대로 괜찮을 런지 의문이었다. 무려 9228km를 달려야 하지 않았는가. 별다른 도리가 없었다. 재빨리 자는 척을 했다.

자는 척이 티가 났던 걸까. 앞자리에 앉은 러시아인 한 명이 나를 건드렸다. 위로라도 하려는 듯 1리터 물병을 건넸다. 생수 6리터를 챙긴 내게 고작 1리터를 들이 밀다니, 가소로웠다. 곧바로 나의 거대한 생수병을 들어올렸다. 그런데 이 놈, 웃어댔다. 검지로 자기 목덜미를 치기 시작했다. 무슨 말인가 싶었다. 그가 건넨 페트병을 열어봤다. 물이 아니었다. 진한 알코올 냄새가 올라왔다. 대망의 러시아 보드카였다. 손가락으로 목을 치는 행위는 술 먹자는 제스처였던 것이다. 기차 곳곳에 붙어 있는 금주, 금연 스티커는 가소로운 장식물 같았다. 그가 고마웠다. 그는 혼나기만 하던 내게 처음으로 손을 건넨 사람이었으니까. 못하는 술이지만 주는 대로 다 받아 마셨다.

그때까지만 해도 그 놈이 어떻게 돌변할지 알지 못했다. 그저 고마워하며 보드카를 부어 넣기 바쁠 뿐이었다. 하긴, 7일간의 시베리아 횡단열차, 또 83일 간의 유럽여정에는 얼마나 많은 반전이 숨어 있겠는가. 모든 여정엔 수많은 복병이 기다리고 있었다. 다만 그때는 알지 못했다.

시뻘게진 얼굴을 달래기 위해 화장실로 달려갔다. 차장과 눈이 마주쳤다. "말도 안 듣더니 술까지 처마셨네?"라는 표정을 짓고 있었다. 욕 한바가지 날릴 기세였다(다시 말하지만 기차 곳곳엔 금주 스티커가 붙어 있었다). 황급히 자리로 도망쳤다. 출발한지 두 시간 밖에 안 지났건만, 제대로 찍혀버렸다.

시베리아 횡단열차 술(!)국 열차

내게 보드카를 권했던 이는 '샤샤'라는 날티 나는 젊은 러시아 친구였다. 술을 얼마나 부어대던지 잠자리에 들었던 시간은 새벽 4시였다. 눈을 감은 지 두 시간이 지났을 때였다. 누군가 내 몸을 흔들어 댔다. 샤샤와 그 친구들이었다. 실실 웃으며 손가락으로 목을 두드려댔다. 다시 한 번 술판을 벌이자는 제스처였다.

소주도 못 먹는 내게 40도가 넘는 보드카를 쉼 없이 권하다니. 감당이 안됐다. 화장실로 도망쳐 봤다. 그곳 또한 만만치 않았다. 물을 내리는 순간 모든 걸 철로로 쏟아버리는 변기 역시 감당이 안됐기 때문이다. 열차 안에 피할 곳이라곤 존재하지 않았다. 찬물로 시뻘게진 얼굴을 달랬다. 최대한 차분한 척을 하며 자리로 돌아갔다.

가만히 앉아 술을 안 마실 방법을 궁리하고 있었다. 옆 칸에 있던 한 살 동생인 블라디보스토크 숙소 멤버 J가 찾아왔다. 밥을 언제 먹을 건지 물어봤다. 밥은 무슨, 보드카에 절여질 때로 절여진 나였다. 생각 없다고 대답했다. 그런데 샤샤 패거리들, 눈빛이 예사롭지 않았다. 흐리멍덩하던 그들의 눈에 생기가 도는 듯했다. 그들의 시선은 한 곳을 향하고 있었다. J가 그 대상이었다. '술친구가 한 놈 더 있는데, 감히 말을 안 했어?'라는 눈치였다. 싸한 느낌이 올라왔다.

네 명이나 되는 샤샤 패거리 중 행동대장 이었던 알렉산드로가 총대를 맺다. 자신의 부푼 배로 퇴각로를 차단했다. 나와 J는 꼼짝없이 갇혔다. 이내 보드카에 버무려지기 시작했다. 사태가 심각해져 갔

그렇게 9228km 여정이 시작됐다. 무려 일주일을 갇혀 있어야 했다

다. 샤샤와 아이들의 목소리가 점점 커져만 갔다. 알렉산드로는 비틀거리는 J를 때리려고 하기까지 했다. 물론 장난으로 그랬겠으나 술 취한 러시아 청년의 미소를 머금은 주먹은 상당히 파괴적으로 보였다. 저 멀리 할아버지 한 분이 수신호를 보냈다. 정확히는 모르겠으나 어서 피하라는 의미인 건 확실했다.

알렉산드로의 배를 겨우 뚫었다. 탈출에 성공했다. 블라디보스토크 숙소 일행이 모여 있던 옆 칸으로 달려갔다. 때마침 기차가 30분간 정차했다. 노점상 음식으로 아픈 머리를 달래보자 싶었다. 매점 줄이 유난히 길었다. 계산을 마치고 역에 돌아왔다. 뭔가 이상했다. 플랫폼에 사람들이 보이지 않았다. 기차 문은 닫히고 있었다. 헐레벌떡 기차로 뛰었다. 차장에게 문을 열어 달라 사정했다. 통하지 않았다. 알 수 없는 러시아어 세례만 쏟아질 뿐이었다. 물론 시베리아 벌판에 버려지는 대참사는 일어나지 않았다. 소리를 지르며 분풀이를 마친 차장은 끝내 문을 열어줬기 때문이다. 마음을 다잡으며 자리로 돌아갔다. 샤샤와 친구들, 이젠 아예 내 자리에 드러누워서 잤다. 깨웠다가는 한 대 맞을 기세였다.

시베리아 열차에 타면 깊은 상념에 빠질 줄 알았다. 말도 안 통하니 마냥 책을 읽거나 창밖을 바라보며 시간을 보내면 그만일 줄 알았다. 밖에서 문을 걸어 잠그고 수행하는 승려처럼 말이다. 현실은 달랐다. 수행은커녕 보드카만 주구장창 들이키고 있었다. 툭하면 차장에게 혼나기 일쑤였다. 돈 내고 얻은 자리에서 쉬는 것조차 쉽지 않았다. 예상했던 시베리아 횡단열차의 모습은 단 하나도 찾을 수 없었다.

평범한 하루도 예상대로 흘러가지 않을 때가 많다. 그런 마당에 시베리아를 관통하는 열차에서 어떻게 예상한 일만 일어날 수 있겠는가. 그러니 좌충우돌하고 당혹스러운 일이 일어날지라도 참아봐야 했다. 흥이 있으면 망이 있고 성이 있으면 쇠가 있듯, 황당한 일 뒤에는 흥미로운 일이 기다리지 않겠는가. 9228km이라면 충분히 기대해볼만 했다. 그렇게 마음을 고쳐먹을 때였다. 어디선가 '루스키(러시아) 보드카!'라는 외침이 들려왔다. 일주일 내내 당혹스런 일들만 펼쳐지는 건 아닌지 걱정스러웠다.

샤샤(중앙)와 친구들. 행동대장 알렉산드로가 두툼한 배를 자랑하고 있다

기차에서 만났던 한국인은 총 두 명이었다(H형과 한 살 동생인 J). 우리는 나보다 두 살 형이었던 H의 자리에 사랑방을 마련했다. 이유는 간단했다. 우선 똑같은 3등석임에도 불구하고 H의 자리가 가장 양호했다. 또 H 앞자리에 앉아 있던 러시아인들은 망나니가 아니었다.

이러한 이유로 H의 자리는 우리네 피신처가 되었다.

H 앞에 자리 잡고 있던 러시아인은 막스와 세르게이였다. 막스는 갓 전역을 하고 집으로 가고 있었다(러시아 남자는 1년 간 의무 복무를 한다). 해군 부사관인 세르게이는 휴가를 맞이해 집으로 가고 있었다. 두 명 모두 군기가 들어 있어서였을까. 처음에 이들은 우리에게 관심을 주지 않았다. 이따금씩 쳐다 볼 뿐이었다. H가 끝없는 구애를 펼쳤다. 그들의 입이 열리기 시작했다. 어느새 우리는 온갖 감탄사를 동원하며 대화를 나누고 있었다.

대화의 99%가 의성어였던 다소 원시적인 대담을 나누고 있을 때였다. 세르게이가 식당 칸에 가보자고 했다. 곧장 식당 칸으로 건너갔다. 맥주 몇 캔을 들이켰다. 잠시 동안 정적이 흘렀다. 그들은 영어를 못했고 우리는 러시아어를 못했다. 그러니 어떻게 대화를 이어갈 수 있었겠는가. 그 순간, J가 입을 열었다. "술 게임 한 번 해볼까요?" 말도 안 통하는 판에 우리나라 술 게임을 벌이자니, J가 제정신인가 싶었다.

J는 제정신이었다. 막스와 세르게이는 생각보다 게임을 빨리 배웠다. 신입생 환영회 이후로 하지 않았던 술 게임 '딸기'를 쉬지 않고 하기에 이르렀다. 벌주는 주로 막스와 세르게이가 마셨다. 우리는 그 모습을 카메라에 담기 바빴다. 모종의 경계심은 시베리아 벌판 어딘가로 사라져 버렸다.

"보드카는 우리의 적이다. 그러니 다 마셔서 없애 버려야 한다."는 러시아 속담은 괜히 있는 게 아니었다. 맥주를 그렇게 먹었건만 세르게이는 또 다시 보드카를 따자고 했다. H가 자기 보드카를 꺼내 보였던 게 화근인 것 같았다. 보드카에 절여졌던 기억이 있는 나는

H(우)에게 술 게임을 배우고 있는 세르게이(중앙)와 막스(좌)

자리로 도망쳤다.

네 시간 후, 잠에서 깼다. H의 자리로 가봤다. H와 세르게이는 여전히 깨어 있었다. 세르게이가 자신의 루스키 로맨티카(러시아인 연애사)를 쉼 없이 나열했다고 한다. 창밖에선 일출이 시작되고 있었다. 그날 역시 사색과 함께하는 일출은 아니었다. 대신 H와 세르게이 사이에서 '푹푹슉슉'거리는 원시적 대화가 들려왔다.

세르게이는 정오가 다 되어서야 일어났다. 그는 일어나자마자 노트를 꺼내들었다. 지난 밤 배웠던 술 게임의 추임새를 받아 적기 위해서였다. 뒤 따라 일어난 막스는 라면을 먹으며 "돼박!돼박!"(대박)거리기 시작했다. 우리가 준 라면, 우리에게 배운 한국말이었다. 이쯤 되니 다른 러시아인들도 우리에게 관심을 갖기 시작했다. '도대체 뭘 하기에 저리도 신난 거지?'란 표정이었다. 그들에게 아는 러시아어를 총동원 하며 말을 걸었다. 막스와 세르게이에게 살짝 배웠기에 가능했던 일이었다. 어느새 우린 열 명이 넘는 러시아인들에게 인사하고 있었다. 그렇게 우리는 종잡을 수 없는 까레이(한국인)가 되어 있었다.

열차를 장악하고 난 후, 일상은 MT였다. 아침에 눈을 뜨면 사방에서 '축축!' 거렸다. 라면과 빵을 나눠 먹자는 신호였다. 그러고 나면 옆자리에 있던 키르기스스탄 꼬마 숙녀와 놀았다. 꼬마 숙녀께서 놀다가 지칠 때면 노을이 지기 시작했다. 이내 기차 안 형광등 불이 밝아졌다. 해를 피해 눈을 감았던 뱀파이어 할아버지가 고개를 들었다. 잠시 후 할아버지는 수건으로 감싼 보드카를 꺼내들었다. 우리를 보며 눈을 깜빡거렸다. 어서 와서 보드카를 받으란 메시지였다. 그렇게 시작된 광란의 술판은 새벽이 돼서야 끝났다. 다음 날 아침, 좀비로 변한 우리는 어김없이 라면과 빵을 나눠먹기 시작했다.

3일차 새벽, 정들었던 세르게이와 막스가 내렸다. 그들이 내리자 몇 시간 정도 정적이 흘렀다. 그것도 잠시, 우리에게 또 다른 러시아인이 다가왔다. 모스크바로 향하고 있다는 알렉세이였다. 3일간 러시아어를 단련했던 우리는 금방 그와 친해졌다. 다만 이 친구는 보드카 대신 그보다 센 코냑을 추구했다는 게 문제였다. 그래도 금방 말을 트게 되니 러시아에 대한 자신감이 솟아났다. 자신감을 조절할 필요가 있을 정도였다. 어느 날 새벽, 목이 너무 탔다. 알지도 못하는 사람의 물을 마음대로 들이켰다. 차장에게 제대로 혼이 났다.

물론 보드카만 주야장천 마셨던 건 아니다. 기차가 스쳐간 도시는 70개가 넘었는데, 유독 기억에 남는 도시가 하나 있다. 출발지였던 블라디보스토크도, 도착지였던 모스크바도 아니었다. 이름만 들어도 생소한 예카테린부르크라는 도시가 그곳이었다. 그 역에서 우리는 다시는 만날 수 없을 이들과 헤어졌기 때문이다.

새로운 친구 알렉세이의 꼬냑

　J에게 일어난 일이었다. 기차에 오른 첫날, 어디선가 낯선 한국어가 느껴졌다고 한다. TV에서나 듣던 평양 사투리였다. 누워있는 J에게 "자, 조선사내 아니네?"라는 소리가 들려왔다. 열차 안에 알 수 없는 긴장감이 감돌았다. 다음 날, 그 소식을 들은 우리는 J의 자리에 자리를 잡았다. 어색한 안부인사가 오갔다. 그들은 낭만을 꿈꾸며 기차에 오른 우리와는 달랐다. 강성대국 건설에 이바지하기 위해 일을 하러 가고 있다고 했다. 사적인 대화가 오가기 시작했다. 긴장감이 사라지는 듯 보였다. 그러나 또 다른 긴장감이 고개를 들었다. 정치적 사안이 튀어나왔던 것이다.

　그들 입에서는 '수령님, 장군님, 원수님'이란 단어가 끊이지 않았다. 김일성 회고록을 꼭 읽어보라는 말도 쏟아졌다. 그럴 때마다 조심스레 대답하거나 창밖 풍경으로 화제를 돌리곤 했다. 다시는 못만날 게 뻔한 그들과 괜한 마찰을 일으키고 싶진 않았기 때문이다.

기차가 출발한지 5일째 되던 날, 그들과 헤어질 시간이 다가왔다. 예카테린부르크에 도착했다. 아저씨들은 서둘러 플랫폼을 빠져나갔다. 짧은 눈인사조차 나눌 수 없었다. 사라지는 아저씨들의 뒷모습만이 보일 뿐이었다. 말로만 듣던 분단국가의 서러움이 느껴졌다. 알 수 없는 서러움에 눈물을 흘렸다. 이러한 사정을 알게 된 알렉세이, 갑자기 핸드폰을 내밀었다. 화면에는 갓 번역된 영어가 쓰여 있었다. "God works in mysterious ways."

한참동안 핸드폰을 바라봤다. 통일로 가는 길은 아득해 보이기만

텁텁한 횡단열차 속 활력소였던 키르기스스탄 꼬마 숙녀

했다. 그럴더라도, 그 길이 아무리 멀고 험할지라도 휴전선 위, 우리와 같은 말을 쓰는 2천5백만의 사람이 살고 있음을 잊어서는 안 되겠단 생각을 해봤다. 비록 주체사상에 세뇌된 그들이었지만 그들 역시 우리와 같은 사람이었다. 우리처럼 가족을 걱정하는 이들이었다. 우리와 똑같이 김치를 사랑하는 사람들이었다. 그들을 잊지 않고 한 걸음씩 나아가야만 한반도에 펼쳐진 이 희대의 미스터리가 풀리게 되지 않을까.

기차가 다시 출발했다. 들판 대신 도시들이 나타났다. 모스크바에

북한 아저씨들이 내리고 나서야 적어봤던 쪽지와 그들이 남기고 갔던 소주와 담배

가까워지고 있던 것이다. 그 광경을 보며 생각해봤다. 러시아어를 하나도 몰랐던 건 물론, 러시아 사람은 전부 인종차별주의자라고 생각했던 나였다. 러시아로 오기 전엔 칼을 챙길지 말지 진지하게 고민했을 정도였다. 시베리아 횡단열차는 그랬던 나를 바꿔줬다. 일주일간 기초 러시아어를 배웠고 매일 밤 러시아 사람들과 술을 마셨다. 칼은 무슨, 짐을 아무데나 팽개치고 다녀도 아무런 일이 일어나지 않는 나라가 러시아임을 알게 되었다. 북한사람들에 대한 편견도 마찬가지였다. 김일성을 찬양하기는 하지만 인간의 탈을 쓴 붉은 늑대까지는 아니었다. 뭐든 직접 겪어보는 게 중요했다. 세상은 혀끝이 아닌 발끝으로만 확인할 수 있었다.

기차가 완전히 멈췄다. 6박7일, 9,288km의 여정이 끝났다. 창밖으로 'MOCKBA'(모스크바의 러시아어 표기)라는 거대 현판이 보였다. 모스크바가 세상에 존재하긴 했던 것이다. 가방을 싸기 시작했다. 기차에서 배운 러시아어를 더듬어 보았다. 거리에 차고 넘쳐날 모스크바 미녀들에게 써먹어야 하지 않겠는가.

써먹기는 무슨, 기차역 근처에서만 한 시간을 헤맸다.

시베리아 열차 밖으론 대략 10조 그루의 나무들이 보였다

모스크바 기차역

🧳 모스크바 목발마저 섹시한

기차역 밖으로 나왔다. 갈피가 잡히지 않았다. 그간 보드카 덜 마실 궁리만 했던 나였다. 그러다 보니 모스크바 일정에 대해서는 아무 생각이 없었다. 여행이 끝났으니 집으로 돌아가야 할 것 같은 기분까지 들었다. 그러나 기차만 멈췄을 뿐이었다. 지구는 계속 돌고 있었다. 남은 70일의 여정은 여전히 다가오고 있었던 것이다. 다시 가야만 했다. 뭘 해야 할지 모르더라도 일단 걸어 나가야 했다. 물론 하고 싶었던 일이 아예 없던 건 아니다. 샤워, 샤워는 꼭 하고 싶었다.

지하철역으로 갔다. 역은 실로 대단했다. 출입구는 미로를 방불케 했다. 겨우 찾은 입구엔 기나긴 에스컬레이터가 우리를 반기고 있었다. 방공호를 염두에 두고 지은 역다웠다. 플랫폼 또한 상당했다. 천장에는 샹들리에가 겹겹이 도열해 있었다. 벽에는 공산주의 느낌을 풍기는 타일들이 박혀 있었다. 궁전이라 해도 손색이 없었다.

모든 게 체제경쟁이 벌어졌던 시대의 산물이었다. 이상했다. 아무리 체제경쟁이라지만 지하철역까지 꾸밀 필요는 없지 않았나 싶었다. 번쩍거리는 지하철역이 무서워 쳐들어오지 못할 나라는 없을 테니까. 그렇게 잡생각이 커져 갈 때였다. 지하철이 들어왔다. 뚜껑 덮인 낡은 청룡열차라고 하는 게 맞았다. 난생 처음 대중 청룡열차에 올라봤다. 활짝 열린 창문이 달그락 거렸다. 궁궐 같은 역에 비해 무척이나 초라한 모습이었다. 역과 지하철이 뒤바뀐 느낌이었다. 사람

휘황찬란했던 러시아 지하철 역

들은 지하철을 타러 오는 거지 역을 구경하러 오는 게 아닐 텐데 말이다.

목적지보다 한 정거장 먼저 내려버렸다. 다시 지하철을 타기엔 돈이 아까웠다. 어쩔 수 없었다. 어떻게 해서라도 호스텔을 찾아 나서기로 했다. 핸드폰에 저장해둔 약도가 전부였다. 옆에는 숙소 예약을 못한 J까지 서 있었다. 꽤나 힘든 일이 펼쳐질 듯했다. 그럼에도 우리 눈은 멈추지 못했다. 자꾸만 러시아 미녀들에게 쏠렸다. 약도에 집중해보려 해도 소용없었다. 알아서 해결 될 거라 믿을 뿐이었다. 참으로 대책 없다. 시베리아 횡단열차 한 번 타봤다고 간이 부었나 보다.

기어코 호스텔을 찾아냈다. 세상에서 가장 후진 숙소가 펼쳐졌다. 가정집이어야 할 곳을 호스텔로 바꾼 노력이 묻어났다. 엎친 데 덮친 격으로 주인아저씨는 영어를 한마디도 못했다. 게다가 철저한 소련 마인드를 가지고 있었다. 깐깐한 주인아저씨는 결백한 내 여권을 수없이 확인해댔기 때문이다. J에겐 무슨 서류가 없다며 나가라고 하기까지 했다. 일단 J에게 기다려 달라고 했다. 재빨리 샤워실로 향했다. 샤워부스 두 개가 서 있었다. 냉동인간 제조기를 개조한 게 틀림없었다. 찜찜한 마음을 안고 부스로 들어섰다. 난생 처음 보는 수도꼭지 시스템이 나타났다. 15분이 지나서야 시스템을 터득할 수 있었다. 물이 나오기 시작했다. '졸졸'이란 단어도 과분했다. 처절하게 나약한 수압이 느껴졌다. 일주일 간 묵은 때를 씻어버리겠단 희망은 그렇게 무너져버렸다. 하룻밤에 5,000원이란 가격을 생각하며 참아보자 했다.

호스텔을 옮기게 된 행운아, J를 따라 나섰다. H형이 머무른다는 호스텔로 향했다. 숙소는 훨씬 양호했다. 수도꼭지는 인체공학적 이었고 침대는 스펀지 더미가 아니었다. 카운터에는 전형적인 러시아 미녀가 앉아 있었다. J는 빠르게 샤워를 마쳤다. 그렇게 시베리아 횡 단열차 멤버가 다시 뭉쳤다. 모스크바 시내로 나갔다. 행선지는 붉 은 광장이었다. 그곳 말고는 아는 곳이 딱히 없었다. 저 멀리 익숙한 건물이 보이기 시작했다. 다름 아닌 테트리스 성당이었다.

테트리스, 아니 상크트바실리 대성당을 지났다. 붉은 광장이 나왔

테트리스다!

다. 왼쪽으로는 붉은 성벽을 자랑하는 크렘린 궁이, 오른쪽으로는
촘촘히 전구를 박은 굼 백화점이 보였다. 광장에 들어선 우리, 있는
힘껏 미친 짓을 하기 시작했다. 광장 한 가운데서 우리만의 뮤직비
디오들을 찍어댔다. 기차를 타고 여기까지 왔다는 쾌감을 느끼고자
한 것 같다. 거대한 시장이자, 군대 퍼레이드가 벌여졌고, 이따금씩
처형된 죄인의 피로 붉게 물들여졌다는 광장의 과거는, 신경 쓸 겨
를이 없었다.

크램린 궁 안에 있던 성당

다음 날 역시 시베리아 열차 팀과 함께했다. 크렘린 궁부터 찾아갔다. 크렘린은 여전히 궁의 역할을 하고 있었다. 들어가자마자 거대한 정부청사가 나왔다. 푸틴의 집무실이라고 했다. 그 앞은 곤봉을 든 경찰들이 지키고 있었다. 금지구역에 한 발이라도 들일라치면 호루라기를 불어댔다. 관광객 중 누구도 예외는 없었다. 약간 긴장이 되었다. 그 순간, J가 물었다. "금지구역으로 뛰면 어떻게 될까요?" "뭐 어떻게 돼? 총 맞겠지." 내가 대답했다. 생각 없이 내 뱉은 말이었으나 상당히 타당한 말 같기도 했다.

정부청사를 지났다. 이번에는 과거 권력자들의 위용이 보이기 시작했다. 곳곳에 차르 황실의 성당들이 보였다. 내가 알던 성당과는 사뭇 다른 모습이었다. 지붕에 십자가가 있는 건 똑같았다. 그러나 십자가를 받치고 있는 지붕은 이슬람 모스크와 흡사했다. 모스크와 십자가의 조화라니, 러시아 정교다운 모습이었다. 러시아 정교의 뿌리는 동서양이 교차하는 콘스탄티노플(이스탄불)에서 탄생한 그리스 정교이니 말이다.

성당 지구를 빠져나왔다. 거대한 대포 하나가 서 있었다. 포탄 하나가 1톤에 육박한다고 했다. 그 옆에는 거대한 '종'이 있었는데, 일부가 깨진 채로 놓여 있었다. 너무 크게 만들려고 한 나머지, 완성 직전에 깨진 거라고 했다. 대포와 종은 한 번도 쓰인 적이 없었단다. 필요 이상으로 커서 본래 쓰임은 할 수 없던 것이다. 주변에는 사진 찍는 관광객으로 넘쳤다. 사람들은 쓸모가 있든 말든 상관하지 않는 모양이었다. 일단 거대하고 보면 장땡인 듯했다. 카메라에 대포를 담으려는 사람들의 손을 바라봤다. 거대한 욕망에 비해 우리네 손은 너무나도 작았다.

모스크바의 강남, 아르바트 거리로 이동했다. 거리의 악사들이 보였다. 악기는 다양했다. 바이올린, 기타, 아코디언은 물론 난생 처음 보는 전통 악기도 있었다. 그들이 만들어낸 선율은 거리를 풍성하게 만들었다. 악사들 앞으론 작은 바구니들이 보였다. 동전을 받는 용도였다. 바구니들은 휑했다. 그래도 악사들의 작은 손만큼은 그들이 쥔 악기와 잘 어울렸다.

저녁 식사를 하는 중이었다. 또 다른 한국인 형 L이 합류했다. 여행 커뮤니티에서 H형과 연락이 닿았단다. 간단한 인사를 나누고 식

모스크바 아르바트 거리

기만 한 모스크바 건물과는 달랐다. 부자연스럽지 않았다. 목발마저 섹시하게 잡는 러시아 여자들이었으나 마냥 도도하지 만은 않았다. 눈이 마주친 내게 살짝 웃어줄 만큼 수수한 면도 있었다. 아저씨들도 마찬가지였다. 보드카로 가득 찬 공격적인 배를 가진 그들이었으나 거칠지는 않았다. 낯선 동양인에게 길을 알려줄 줄 아는 신사들이었다. 그들 뒤로 거대한 건물들이 겹쳐졌다. 그에 비해 사람들은 작기만 했다. 그러나 보잘 것 없어 보이지는 않았다. 자연스러웠다. 작지만 그 자체로 자연스러웠다.

물론 부자연스러운 사람이 아주 없던 건 아니었다. 크렘린 경비병들이 그러했다. 그들은 교대의식을 치를 때면 다리를 직각으로 뻗으며 걸어갔다. 아무리 봐도 사람 발걸음은 아니었다. 굳이 저렇게까지 걸을 필요가 있을까 싶었다. 어느 나라나 돈 벌기는 힘든가 보다. 그럭저럭 괜찮은 우리에게 돈과 과시가 붙으면 저렇게 되는 게 아닐까.

기차역으로 다시 갔다. 상트페테르부르크로 가기 위해서였다. 기차에 올랐다. 차장이 다가왔다. '러시아어 못하는 놈이네.'라는 표정이 비춰졌다. 걱정도 팔자였다. 러시아 기차에서 산전수전 다 겪었던 나이지 않은가. 그렇게 상트페테르부르크로 출발했다.

상트페테르부르크 괴상한 그분

눈을 떴다. 기차는 멈춰 있었다. 상트페테르부르크로 오는 데 고작 여덟 시간 밖에 걸리지 않았다. 여덟 시간은 우리나라에서야 긴 시간이었다. 새마을호를 탄다고 가정하자. 서울에서 출발해 부산까지 갔다가 곧바로 서울로 돌아와야만 여덟 시간이 흐른다. 그러나 당시 나는 150시간이 넘는 기차여행을 마친 상태였다. 따라서 여덟 시간은 아무런 감흥이 못됐다. 물리시간에는 당최 이해하지 못했던 상대성 이론이 비로소 이해되는 순간이었다.

기차에서 내렸다. 플랫폼을 돌아봤다. 역 이름이 모스크바스키란다. 상트페테르부르크에 있는 역 치고는 황당한 이름이었다. 부산에 서울역이 있는 셈이 아닌가. 물론 이 정도로 당황하기엔 일렀다. 재빠르게 검색해본 이 도시에는 훨씬 놀라운 얘기가 숨어있었다.

솔직히 말하겠다. 도시 자체 보다는 도시 설립자에 관한 내용이 흥미로웠다. 설립자는 표토르 대제라고 했다. 그래서 이름이 상트(성인), 페테르부르크(표토르의 도시)가 된 것이다. 표토르 대제, 그는 광개토태왕과 세종대왕에 버금가는 인물이었다. 허접했던 러시아를 우리가 알고 있는 강대국 러시아로 키워낸 인물이기 때문이다. 그러나 그에게 관심이 갔던 이유는 따로 있었다. 그의 행보가 보통 권력자들과는 사뭇 달랐기 때문이다.

그는 어린 시절을 타국에서 보냈다. 따라서 보수적인 러시아에서는 접할 수 없던 경험들을 했다. 이로 인해 표토르는 자유로운 영혼

모스크바스키 역

이 되었다. 이는 황제가 된 후에도 이어졌다. 서유럽 순방 때가 대표적이다. 역대 차르(러시아 황제) 중 최초로 해외순방을 했다는 건 별 것 아니었다. 그보단 순방을 떠난 방식이 충격적이었다. 그는 사절단의 시종으로 위장해 순방길에 올랐던 것이다! 여기엔 해보고 싶은 일들을 마음껏 해보겠단 다짐이 숨겨져 있었으리라.

신분까지 숨기다니, 돈이나 쓰며 실컷 놀려고 했던 걸까? 보통 권력자였다면 그랬을 수도 있겠다. 그는 달랐다. 네덜란드를 방문했을 때였다. 항해술에 관심이 많았던 그는 조선소 노동자가 돼보기로 결심했다. 망치와 낫을 상징으로 내건 레닌조차 그러지 않았건만, 황제였던 그는 기꺼이 망치와 도끼를 잡았다. 그리고 그가 들었던 망치와 도끼는 강대국 러시아의 토대가 되었다. 물론 그의 신분은 금방 탄로 났다고 한다. 그에겐 2미터가 넘는 장신이란 신체적 결점(?)이 있었기 때문이다.

뒷짐이 아닌 망치와 도끼를 잡았던 황제 표토르, 그가 세운 도시가 바로 이곳, 상트페테르부르크였다. 흥분됐다. 러시아 역사상 가장 파격적이었으나 동시에 가장 위대한 황제였던 그가 만든 도시라니. 몇 분이라도 더 구경하고 싶었다. 반쯤 먹힌 햄버거가 눈에 비쳤다. 맛보다는 살기 위해 씹었던 햄버거였다. 쓰레기통에 처넣었다. 서둘러 거리로 나섰다. 더 이상 와이파이가 잡히지 않았다. 정작 호스텔로 가는 방법은 확인하지 않았다는 걸 깨달았다.

골목에 흘러 다니는 무료 와이파이를 잡는 데 도가 튼 나였다. 기어코 목적지에 다다랐다. 핸드폰을 켰다. 꽤나 많은 메시지가 와 있었다. 시베리아 횡단열차 멤버들이었다. 예상보다 늦는 나를 기다리고 있었나 보다. 한바탕 쏟아지는 비난을 감수해야 했다. 가까스로

기차역에 있던 표토르 흉상

기차역 밖 광장

분이 풀린 그들, 이번엔 지하철에 오르라고 고함을 질러댔다. 상트
페테르부르크의 명물, 여름궁전으로 가기 위해서라고 했다.

입구에 들어섰다. 각진 채로 가지치기를 당한 나무들이 보였다.
가운데는 작은 분수가 돌아가고 있었다. 약간은 실망스런 자태였다.
베르사유 궁전 다음으로 눈부신 정원을 자랑한다는 여름궁전이었

여름궁전 내 각진 나무들

다. 그런데 눈앞에 펼쳐진 정원은 명성에 비해 한없이 초라했다. 눈부신 게 있다면 일광욕을 즐기는 황금 어린이 동상이 전부였다. 그 순간, 웬 군견 한 마리가 우리를 노려봤다. '네가 아는 정원은 저기 안에 있다!'라는 눈빛이었다. 군견을 피해 도망쳐 들어갔다.

황금! 궁전 앞에 서자 생각났던 단어였다. 궁전은 모스크바 크렘

황금! 여름궁전

린 성당과 흡사했다. 번듯한 건물 위에는 황금 모스크가 얹혀 있었고 그 위엔 십자가가 놓여 있었다. 크렘린과 마찬가지로 이슬람과 가톨릭의 조화였다. 군이 다른 점을 찾아보자면, 여름궁전 지붕이 약간 더 각이 졌다는 것과 궁전 벽 곳곳에 하늘색이 섞여 있다는 거였다. 궁전 내부로 들어가려 해봤다. 직원의 차가운 시선이 느껴졌다. 시간이 지났으니 들어갈 수 없단다. 어색하게 발걸음을 돌렸다. 시베리아 팀에게 다시금 미안해지는 순간이었다.

그나마 다행이었던 게 있었다. 여름궁전의 포인트가 궁전 내부가 아닌 궁전 밖 정원이라는 사실이었다. 사나운 직원을 피해 정원으로 눈을 돌렸다. 중앙 분수대에서 나오는 물은 바다를 향해 뻗어가고 있었다. 양 옆으론 각진 나무들이 도열해 있었다. 계단을 내려갔다. 거대한 황금 동상 더미가 보였다. 가운데에는 사자의 아가리를 찢고 있는 헤라클레스가 서 있었다. '아름답다'고 여겨지는 정원에 있는 동상치고는 다소 잔인한 모습이었다. 때로는 잔인했던 표토르 대제의 취향이 반영된 듯했다. 그는 자신을 비웃던 신하에게 시체 근육을 맨입으로 뜯으라고 했던 적이 있었다고 한다.

정원 끝까지 걸어 나왔다. 고개를 돌려봤다. 헤라클레스 동상도, 사자 동상도 황금이었다. 그 뒤론 황금지붕이 번쩍거렸다. 화려함의 극치였다. 내리쬐던 햇빛은 번쩍임을 배가시키고 있었다. 돌아다니는 갈매기마저 묘한 위엄을 풍겼다. 망치와 도끼를 들고 노동자가 됐었다는 표토르였으나, 자신이 누릴 수 있는 화려함을 포기하진 않았나 보다.

궁전을 나왔다. 성 이삭 성당으로 향했다. 기가 막히는 석양을 감상할 수 있다는 곳이었다. 매표소에 도착했다. 처참하게 느린 발권

여름궁전 정원의 자태

기가 억지로 표를 토해냈다. 계단이 나타났다. 좁고 높았다. 사람이 얼마나 비인간적인 건축물을 만들 수 있는지 알 수 있었다. 거친 숨소리를 내며 전망대에 도착했다. 도시 전경이 펼쳐졌다. '유럽!'하면 떠오르는 광경이 밀려왔다. 자기 도시에 서유럽을 담으려 했던 표토르의 꿈이 실현된 광경이었다.

여름궁전 만큼은 아니더라도 나름의 아름다움을 뽐내는 도시 전경이었다. 그 광경을 보며 생각했다. 비록 화려한 궁전에 살았고 이따금씩 잔인하기까지 했던 표토르였으나, 그는 다른 권력자들과 달랐다. 자신이 잡았던 망치를 자기가 짊어진 나라를 가꾸는 데 사용했다. 그에 비해 다른 권력자들은 어떠한가. 화려한 집에 머물며, 이따금씩 자기 집 못지않게 화려한 다른 집에 놀러가고, 그 외의 집들에 대해선 관심 한번 두지 않는 게 그들 아니었던가. 적어도 표토르는 손수 망치를 들어봤다.

가로등이 켜졌다. 주황 가로등만이 가진 따스함이 도로로 퍼져갔다. 그 따스함은 교차로에 서 있던 표토르 동상을 감싸기 시작했다.

그날 밤, H형이 떠났다. 생뚱맞게도 터키로 향한다고 했다. 러시아까지 왔으면서 비행기를 타고 터키로 가다니. 이해가 안 됐다. 그럴 거면 온갖 고생하며 시베리아 횡단열차를 탈 필요가 없지 않았는가. 물론 그를 비난할 필요는 없었다. 그의 여행인데 내가 뭐라 할 수는 없었다. 그저 2주 넘게 함께 했던 H에게 정이 들었던 것 같다. 그도 마찬가지였다. 헤어지기 전, 한 시간만 얘기하자던 우리는 네 시간 넘게 떠들어 댔다. 끝내 H가 가야할 시간이 다가왔다. 북한 아저씨들에 이은 또 한 번의 헤어짐이었다. 그를 태운 택시가 멀어져 갔다. 여행은 만남과 헤어짐의 연속이라는 말은 사실이었다.

성 이삭 성당에서 본 상트페테르부르크 전경

H가 떠났지만 아침은 어김없이 찾아왔다. 남은 여정을 이어갔다. 목적지는 푸시킨 시였다. 대문호 푸시킨을 기리기 위해 도시 이름을 바꿨다고 한다. 버스정류장으로 가는 길이었다. 거대한 동상 하나가 보였다. 표토르는 아니었다. 반짝이는 머리 아래 콧수염을 지닌 아저씨였다. 레닌이었다. 저 아저씨가 여기에 왜 있나 싶었다. 사실 레닌은 모스크바 기차역에도 서 있었다. 의문이 솟아났다. 분명 레닌 동상이 끌어내려지는 사진을 본 적이 있었다. 그런데 저 동상은 무엇이란 말인가.

그리움 때문인 것 같다. 러시아에 있었을 때 그곳 경제 사정은 좋지 않았다. 나야 폭락한 루블화 덕분에 폭식할 수 있었지만, 그러한 상황이 러시아인들에게는 달갑지 않았을 게다. 기차에서 만난 할아버지 한 분은 모든 걸 미국 탓으로 돌렸다. 오바마를 '거대한 원숭이'라고 부를 정도였다. 과거 세계를 호령하던 소련에 비하면 초라한 모습이었다. 이러한 연유 때문에 레닌 동상이 사라지지 않은 건 아닐까 싶었다. 공산주의로의 회기가 아닌, 강대하던 그 시절을 추억하기 위해서 말이다. 여행이 만남과 헤어짐의 연속이라면, 수많은 여행으로 모아진 이 세상은 그간 쌓인 추억으로 굳어진 게 아닌가 싶다.

미니버스에서 한 시간을 버렸다. 푸시킨 시에 도착했다. 목적지인 예카트리나 궁전으로 향했다. 표토르가 부인을 위해 지은 궁이라고 했다. 궁으로 들어갔다. 왜 공산주의 혁명이 일어났는지 알 수 있는 광경이 펼쳐졌다. 여름궁전이 정원만 화려했다면, 예카트리나는 정원은 물론, 궁전 내부도 번쩍거렸다. 천장에는 온통 샹들리에로 장식되어 있었고, 테이블에 놓인 찻잔은 내 여행경비보다 비싸 보였

종종 보이던 레닌

다. 잠시 후 나타났던 호박방에서는 할 말을 잃었다. 방의 모든 벽면이 호박 보석으로 발라져 있었기 때문이다. 평민들은 죽어나는 데, 왕실은 이렇게 살고 있다니. 러시아 사람들 꼭지가 돌 만 한 모양새였다. 어제까지만 해도 쿨해 보이던 표토르가 사치 꾼으로 보이기 시작했다.

표토르에 대한 실망감이 절정을 이뤄갈 때였다. 어두운 방 하나가 나왔다. 한쪽 벽면에 로마노프 왕실 계보도가 그려져 있었다. 계보를 더듬어 봤다. 중간쯤에 표토르가 나타났다. 더 올라갔다. 가지 끝

예카트리나 궁전 앞에 서 있는 시베리아 횡단열차 멤버 J

이 나왔다. 공주 네 명과 왕자 한 명이 나열되어 있었다. 자세히 살펴봤다. 그 유명한 아나스타샤 공주가 그려져 있었다. 밑에 적힌 숫자를 쳐다봤다. 태어난 연도와 사망 연도가 나란히 적혀 있었다. 왕실 오남매의 태어난 연도는 제각각이었으나 사망 연도는 동일했다. 그들의 사망 연도는 볼셰비키 혁명이 일어나고 일 년 후인 1918년이었다.

궁을 나왔다. 여름궁전보다 두 배는 거대한 정원이 나왔다. 예전에 봤던 영화가 떠올랐다. 고등학교 시절, 방학 숙제 덕에 강제로 시청했던 영화 '아나스타샤'였다. 영화에는 꼬마 공주가 장래희망을 여배우라고 밝히는 장면이 나온다. 그때 배경이 한 정원이었는데, 그 정원이 내가 서 있는 이 곳일 수도 있겠단 생각이 들었다. 기분이 이상했다. 이 정원에서 여배우를 꿈꾸던 공주는 스무 살이 되기도 전에 총살당했으니까. '혁명이 일어나도 싸네.'라던 마음이 누그러졌다. 해는 호수 뒤로 넘어가고 있었다. 여느 때와 같은 모습이었다. 자연은 항상 단순한 아름다움을 뽐낸다. 그 속에 사는 우리만 답답한 악취를 풍겨대는 듯하다.

러시아에서의 마지막 날이 밝았다. 세계 3대 미술관이라는 에르미타주로 향했다. 어김없이 화려함을 뽐내는 건물이 보였다. 안에는 갑갑한 긴 줄이 기다리고 있었다. 두 시간 만에 미술관으로 들어갔다. 퇴근 시간 지하철에 버금가는 인파가 버티고 있었다. 양옆으론 그림들이 보였다. 투박스레 일렬로 늘어선 모양새였다. 조명들은 그림의 구도를 무시했다. 자기들 줄 맞추기에 바빴다. 명작들을 줄에만 맞추려 하다니. 러시아다운 발상 같았다.

다리가 녹아내렸다. 눈알은 빠져나오려 애를 썼다. 인체공학이라고는 느낄 수 없는 미술관 배치 덕분이었다. 그 덕에 다시 볼 수 없을 명작들을 여러 차례 지나쳤다. 어쩔 수 없었다. 이왕 이렇게 된 것, 메인 작품이나 제대로 감상하자 싶었다. 렘브란트의 '돌아온 탕자'가 그것이었다. 먼저 이곳에 왔던 H는 그 작품 때문에 눈물까지 흘렸다고 했다.

돌아온 탕자 앞에 섰다. H에게 밀려왔다는 감동이 느껴지지 않았다. 렘브란트 특유의 검은색이 잘 묻어났고 탕자와 아버지 사이에 아름다운 감정이 흐르는 듯했다. 내겐 그게 다였다. 게다가 그림 앞에 진을 치고 있던 관광객들은 작품을 제대로 볼 기회조차 주지 않았다. 발걸음을 돌렸다. 내게 감흥을 줬던 그림을 다시 보자 했다. 루벤스의 '땅과 물의 연합'이었다.

그림 앞에 다시 섰다. 물의 신과 땅의 신이 만나 세상을 창조하고 있었다. 내게 있어 주인공은 물의 신도, 땅의 신도 아니었다. 쏟아지는 물 밑에 앉아 있는 아기가 주인공 같았다. 정면을 바라보고 있던 아기는 이렇게 말하고 있는 듯했다. "땅과 물이 연대해서 생긴 게 이 세상인데, 너희는 뭐하고 있나?"

폐관 시간에 맞춰 미술관을 빠져나왔다. 광장 뒤로 해가 넘어가고 있었다. 러시아 미녀들을 가슴 속에 묻어둬야 할 시간이 찾아왔다. 러시아를 벗어나는 버스에 올라야 했기 때문이다. 장장 2주 만이었다.

에르미타주 내부

무지막지했던 에르미타주 미술관

발트(에스토니아 탈린/라트비아 리가)
짬뽕의 극치

두 시간 정도 지났을까. 버스가 에스토니아 국경에 도착했다. 검문소 직원이 목적지를 물었다. "탈린!" 내가 대답했다. "넥스트?" 직원이 다시 물었다. "라트비아 앤드 폴란드." 다시 답했다. "흠, 넥스트?" 질문은 계속되었다. 침착한 표정을 지으며 남은 여정을 나열했다. 직원 얼굴이 심상치 않았다. '뭐 이런 놈이 다 있지?' 싶은 표정이었다. 아시아인이 드물어서 인지, 아니면 내 얼굴이 테러를 연상시켰던 건지. 벽에 걸린 거울을 쳐다봤다. 후자일 가능성이 높았다. 어색한 미소를 날려줬다.

미소가 통했던 걸까. 무사히 국경을 넘었다. 탈린에 도착했다. 기쁨도 잠시, 문제가 생겼다. 구글 지도가 작동하지 않았다. 와이파이를 뿌리고 다니는 국경버스 옆에 밀착해 지도를 따로 다운받아야 했다(유럽 국경버스에는 무료 와이파이가 있다). 대 탐방이 시작됐다. 목적지는 호스텔이었다. 누가 탈린을 소도시라고 했던가. 길을 잃은 내게 탈린은 시베리아보다 횅했다. 그 와중에도 석양에 물든 탈린은 동화 같은 풍경을 선사해줬다.

객사할 운명은 아닌가 보다. 기어코 숙소를 찾아냈다. 짐을 풀었다. 누군가 인사를 건네 왔다. 같은 방에 있던 키 큰 여자였다. 이름은 다리야, 터키인이었다. 스튜어디스를 그만두고 여행을 하고 있단다. 왠지 길고 예쁘다 했더니만. 그런데 그녀, 갑자기 자기 침대로 오라고 했다. 숙소는 혼성 6인실이었는데, 방에는 우리 둘 밖에 없었다. 오만가지 생각이 스쳐갔다. 탈린에서 추석 로맨스를 만들게 된 건가(그날 한국은 추석이었다)!

심각한 망상이었다. 다리야는 자신이 갔던 관광지 사진을 보여주기 위해 날 불렀다. 탈린에 있었다던 소련 감옥이었다. 사진 속 감옥은 참혹했다. 15년 전까지만 해도 실제 감옥이었다는 게 믿기지 않을 정도였다. 곳곳에 그려진 낙서는 음침함을 더했다. 동화 같은 도시 탈린이라지만 어두운 면도 있었다. 어디든 숨겨진 이야기는 끝이 없나보다. 주인공 뒤를 지나가는 '행인 1'에게도 많은 사연이 숨어있는 것처럼.

다리야가 다시 한 번 도발했다. 이번엔 같이 술을 먹겠냐고 한다. 그렇게 조용히 여행계획을 짜보겠단 다짐은 무너졌다. 다시 한 번 추석 로맨스를 상상해봤다. 그 순간, 남자 두 명이 들이닥쳤다. 폴란드에서 온 라팔과 마르친이었다. 자기들도 같이 가잔다. 한가위 로맨스는 무슨, 맥주나 퍼 마셔댔다.

두 번째 아침이 밝았다. 갈증이 밀려왔다. 전날 밤 마르친이 부어줬던 맥주가 문제였다. 시베리아에 이어 탈린에서조차 이러다니. 아무래도 술꾼을 부르는 팔자인가 보다. 간신히 갈증을 달랠 즈음이었다. 다리야가 입을 열었다. 몇 시간 후 탈린을 떠난단다. 마지막으로 올드타운을 구경하고 싶다고 했다. 같이 갈 수 있겠냐고 물었다. 당연하지! 곧장 따라 나섰다.

탈린 올드타운은 롯데월드 실사 판이었다. 모든 도로는 하이힐을 거부했다. 촘촘히 박힌 돌들이 하이힐을 노리고 있었다. 건물들은 중세유럽을 그대로 보여줬다. 회색 벽 위에 뾰족한 빨강 지붕들이 얹혀 있는 모양새였다. 국회 의사당은 가관이었다. 의사당 특유의 위엄은 없었다. 흡사 분홍빛 고급 호텔 같았다. 주위 곳곳엔 성당들이 있었다. 일단 거대하고 보는 러시아와는 달랐다. 아기자기한 맛을 선사했다. 카페와 식당 역시 마찬가지였다. 아기자기함 속에 중세를 표방했다. 진정한 옛 모습을 유지하는 듯했다. 물론 죄다 예쁘기만 했던 건 아니다. 이따금씩 술 취한 구걸꾼들이 보였다. 동화에는 나오지 않는 이들이었다.

다리야가 떠났다. 홀로 쏘다녔다. 올드타운 입구로 가봤다. 이름부터 남달랐다. 성문 이름이 비루(viru gate)란다. 옆 골목엔 성곽 길 전망대가 보였다. 입장료로 3유로(4천 원 정도)를 받는다고 했다. 유로존에 넘어와 충격적인 물가를 경험하고 있던 나로선 망설여졌다. 다음을 기약할지 잠시 고민도 해봤다. 그러나 어느새 주머니를 뒤지기 시작했다. 올라가기로 마음먹었다. 여기에 언제 또 오겠냐는 마음 때문이었다. 물론 매표소 여직원이 상당히 예뻤다는 게 가장 큰 이유이기도 했다.

3유로는 과한 가격이었다. 성벽 길은 3분 만에 끝났고 경치는 일반 언덕에서 보는 것과 다르지 않았다. 그래도 별로였던 것만은 아니었다. 석양이 드리운 올드타운을 보기엔 적절한 장소였다. 구름사이로 쏟아지는 햇빛은 탈린의 빨갛고 뾰족한 지붕들을 때렸다. 성벽 곳곳에는 대포 구멍이 있었다. 수많은 피를 머금었을 성벽은 관망대가 되어 있었다.

L을 다시 만났다. 모스크바에서 처음 만났던 한국인 형이었다. 카페에 앉아 떠들어댔다. 젊은 나이에 박사학위까지 받은 L이었다. 그런데 자신의 길을 찾기 위해 반년 간 세계여행을 출발했단다. 소위

탈린 성벽

탈린은 갈매기부터 남달랐다

탈린 거리 모습

말하는 일류대에서 20대에 박사가 된 이가 자기 길을 못 찾고 있다니. 알다가도 모를 일이다. 하긴, 동화 같은 도시 탈린에도 참혹한 감옥과 구걸꾼들이 존재한다. 그런데 고작 100년 정도 사는 우리가 늘 아름답고 명확할 수는 없다.

탈린을 떠났다. 새벽부터 버스를 탔다. 한동안 잠에 들었다. 라트비아 수도 리가에 도착했다. 자고 일어났는데 다른 나라에 오다니. 셍겐조약을 맺은 국가 간에는 국경검사가 없기에 가능한 일이었다. 원래 탈린과 리가는 별반 다르지 않을 거라 생각했다. 가까이 붙어 있는 작은 나라들이 다르면 얼마나 다르겠는가. 그러나 막상 마주한 리가는 심상치 않았다. 탈린이 여백의 미를 보여줬다면 리가는 여백을 꽉꽉 채우고 있었다. 사방으로 얽혀 있는 대중교통 노선은 그러

정말 쉬더라도 나가서 쉬어야겠다는 생각이 들었다

한 생각을 더욱 짙게 해줬다.

숙소는 괜찮았다. 터미널에서 숙소까지 거리는 10분도 채 걸리지 않았다. 이틀에 10유로란 파격적인 가격에 비해 시설도 괜찮았다. 룸메이트만이 문제였다. 기계음을 연상시키는 '헬로!'를 던진 그의 온몸엔 굵은 문신이 꿈틀댔다. 그의 노트북에선 격투기 영상이 쏟아져 나왔다. 침대에는 글러브를 비롯한 온갖 격투기 도구들이 널브러져 있었다. 쉬더라도 나가서 쉬어야겠다는 생각이 들었다.

지도 한 장 달랑 든 채 리가 올드타운으로 나갔다. 리가도 탈린 못지 않았다. 건물들은 죄다 예뻤고 사이에 난 골목들은 '여기가 유럽이다!'를 외치고 있었다. 중심에 우뚝 선 성 피터 성당은 올드타운 전체를 굽어보고 있었다. 위에 펼쳐진 파란 하늘은 살랑대는 이온음료 CF를 연상시켰다.

숙소로 돌아왔다. 박력 있게 '헬로!'를 외치던 로보캅 청년은 어디론가 사라졌다. 그 자리를 탈린에서 만났던 다리야가 차지하고 있었다. 탈린에서 헤어지기 전, 리가에서 다시 만나자 약속했기에 가능했던 일이었다. 간단한 인사를 나눴다. 서로의 배고픔을 확인했다. 밥집을 찾아 나섰다. 미로 찾기를 한 끝에 유명한 팬케이크 집을 찾아냈다. 예상보다 싼 가격 덕에 폭식을 즐겼다.

다시 숙소로 돌아가는 길이었다. 스웨덴 게이트란 곳을 들렀다. 스웨덴 남자를 사랑한 라트비아 여자가 벽 안에 갇혔다는 전설이 있다고 했다(라트비아는 스웨덴 식민지였던 적이 있었다). 밤에는 이따금씩 '아이 러브 유'란 소리를 들을 수 있단다. 다리야는 그런 스웨덴 게이트가 로맨틱하다고 했다. 내겐 절대로 아니었다. 완벽한 호러에 가까웠다. 다시는 이 근처에 오지 않기로 결심했다. 근처 레스토랑엔 'I LOVE YOU'가 적힌 붉은 네온사인이 걸려있었다. 아무리 봐도 로맨틱은 아니었다. 빨간색 공포였다.

다음 날은 바쁜 하루가 예상됐다. 우선 리투아니아로 떠난다는 다리야와 작별인사를 해야 했다. 또 어젯밤 리가에 도착했다는 폴란드 배드보이즈(탈린에서 만난 라팔과 마르친)와도 약속을 잡아야 했다. 동시에 러시아와 탈린에서 만났던 한국인 형 L과도 일정을 맞춰야 했다. 끝이 아니다. 시베리아 횡단열차 동지 J의 생사도 확인해야 했다. J는 히치하이킹으로 리가에 오겠다며 선전포고했기 때문이다. 분명 홀로 여행을 출발했던 나였다. 그런데 어쩌다 보니 전 세계 사람들과 약속을 잡고 있었다. 의문스러울 뿐이었다.

하긴 리가에서라면 가능한 일일 수도 있다. 무료 투어를 따라다니

혼한 리가 구시가지 뒷골목

리가 팬케이크 집

며 들은 이야기다. 리가는 800년 전 독일인 신부에 의해 세워졌다. 그 후 독일, 스웨덴, 러시아의 지배를 거쳤다. 세계 1차 대전이 끝나고 나서야 라트비아로 독립했다. 그러나 얼마 지나지 않아 2차 대전이 터졌다. 다시 나치 독일의 지배를 받게 됐다. 이 후엔 소련에 편입 되었다. 소련이 붕괴된 20세기 후반에 이르러서야 진정한 독립을 맞이했다. 그래서 일까. 리가 거리에는 여러 얘기가 뒤죽박죽 거렸다. 리가 중앙에 있는 도마 광장이 대표적이다. 광장 왼편에는 15세기 독일 상인들이 세운 건물이 서 있다. 바로 뒤에는 19세기 소련이 세운 건물이 위치했다. 맞은편에는 18세기에 지어진 리가 시청이 보였다. 한 광장에 서로 다른 시대, 서로 다른 나라들의 건물들이 모여 있었다. 완벽한 짬뽕이었다.

리가 도마광장

거리뿐만이 아니었다. 사람도 마찬가지였다. 라트비아는 네 지역으로 나뉘어져 있는데, 지역마다 풍속이 다르단다. 여기서 놀라운 점은 라트비아어를 쓰는 사람은 전체 50%에 불과하다는 사실이었다. 나머지는 러시아어를 비롯한 여러 언어를 쓰고 있었다. 프리투어라 말하면서 5유로를 팁으로 강탈하는 가이드가 마무리 멘트를 내뱉었다. 이런 다양성이 세계 4위에 빛나는 인터넷 강국, 라트비아를 만들었단다. 의아했다. 모든 사안에 첨예하게 양편으로 갈리는 게 우리나라다. 그런데 그러한 우리나라는 인터넷 보급률 1위를 자랑하지 않는가. 가이드 뒤로 맥도날드가 보였다. 개장 첫 날, 라트비아 대통령까지 찾아왔다는 발트 지역의 맥도날드 1호점이었다.

짬뽕 도시 리가에서 글로벌한 하루가 마무리 되어갔다. 다리야는 리투아니아에 잘 도착했다고 한다. 남 걱정을 키우는데 이력이 있는 J는 히치하이킹에 성공했다. 폴란드 배드보이즈에게서도 연락이 왔다. 어느새 리가의 핫한 바를 물색해뒀단다. 나와 J, L은 배드보이즈에 의해 술집으로 끌려갔다. 바에 도착했다. 우리 앞에 너무나도 예쁜 종업원이 있었다. 배드보이즈의 정보력에 감탄할 수밖에 없었다.

리가에서의 마지막 날이 밝았다. 나와 J는 갈증에 허덕이며 일어났다. 전날 밤 폴란드 배드보이즈들에게 된통 당했기 때문이다. 또 강인한 리가 모기들에게 밤새도록 시달리기도 했었다. 밤새도록 모기를 응징한 J의 노고를 기려주고 싶었다. 리가 일일 투어를 나섰다. 전날 가이드에게 들은 말들을 그대로 옮겨줬다. J 역시 이 작은 도시에 그렇게 많은 일이 일어났다는 걸 신기해하는 눈치였다.

떠나기 전 마지막 휴식을 취하고자 했다. 호스텔로 돌아가고 있었다. 우연히 폴란드 배드보이즈와 재회했다. 대낮부터 술을 부어대고 있었다. 그들에게 딱 걸렸다. 어딜 도망가느냐고 한다. 자기들이 살 테니 맥주 한 잔 하란다. 리가는 잠시 머무르는 우리에게 조차 호락 호락하지 않았다. 만만치 않은 역사를 지닌 도시다웠다.

폴란드 배드보이즈 라팔, 마르친. 이들을 잘 기억해 두시라

🧳 크라쿠프 & 아우슈비츠 그녀의 머리칼

폴란드 수도 바르샤바로 넘어왔다. 목적은 하나, 아우슈비츠를 보기 위해서였다. 곧바로 문제가 생겼다. 아우슈비츠는 바르샤바에서 멀리 떨어져 있었다. 대신 크라쿠프라는 도시 근처에 있단다. 폴란드로 넘어오면서야 알게 된 사실이었다(이렇게 안일해서야!). 당시 시각은 새벽 5시. 새벽 추위가 매서웠다. 어쩔 수 없었다. 무작정 크라쿠프 행 기차표를 샀다. 황급히 기차에 올랐다. 쇼팽노래가 배경으로 깔렸다. 음료수도 공짜로 줬다. 이럴 수가. 최고급 기차였다. 1,000원 한 장 아까운 가난한 배낭 여행자에겐 분에 넘쳤다. 어쩔 수 있겠나. 잠이나 실컷 자자 싶었다.

소중한 목 베개가 운명을 다 했다. 결국 잠을 이루지 못했다. 기차 방송에 귀를 기울였다. 크라쿠프에 관한 내용이었다. 방송에서 흘러나오는 크라쿠프는 무작정 가기엔 미안한 도시였다. 폴란드 왕조가 바르샤바로 천도하기 전에 500년간 머물렀던 도시라고 했다. 폴란드의 경주 격이었던 것이다. 그 덕에 수많은 유럽인이 이곳을 찾는다고 했다. '외국인은 파리로, 유럽인은 크라쿠프로!'란 말이 있을 정도란다. 단지 아우슈비츠를 보기 위해 기차에 오른 나였다. 그랬던 나는 유럽에서 가장 유명한 도시 중 하나로 가고 있었다.

졸트와 유로를 헷갈린 덕에 돈을 펑펑 써댔다(폴란드는 EU 가입국이지만 유로대신 졸트를 사용한다). 간신히 숙소에 도착했다. 침대에 누운 순간, 오늘이 할아버지 생신이란 게 생각났다. 전화를 걸었다. 때마침 온

식구가 모여 있었다. 미약한 와이파이 너머로 할아버지 음성이 간간히 들려왔다. 잘은 모르겠으나 살아 돌아오라는 말을 하셨던 것 같다. 뭔가 죄스러운 기분이 밀려왔다. 생신도 못 챙겨 드린 채 혼자 돈 써대며 놀고 있단 느낌이 들었다. 그 순간, 횡단열차 멤버 J의 말이 떠올랐다. "형, 우린 왜 이렇게 돌아다니고 있는 거죠?" 질문을 들었을 때도, 크라쿠프에 도착한 그 날에도, 나는 대답할 수 없었다. 갑자기 침대가 비좁게 느껴졌다. 어디든 나가보자 싶었다.

크라쿠프 구시가지로 넘어갔다. 거리 전체가 세계문화유산으로 지정될 만 했다. 아시아인은 찾기 힘들었다. 온통 유럽인으로 가득했다. 거대한 중앙광장이 나왔다. 유럽에서 두 번째로 큰 중세광장이란 말이 실감났다. 그 앞을 성 마리아 성당이 지키고 있었다. 나의 작은 카메라는 농락당하기 일쑤였다. 광장 한쪽에는 낮술을 들이키는 유럽인들이 보였다. 꽤나 충격적이었다. 뒷골목으로 빠져봤다. 동유럽 최고 대학이 나왔다. 코페르니쿠스와 교황 요한 바오로 2세가 졸업했다는 야기엘론스키 대학이었다. 캠퍼스는 무조건 크게 짓고 보는 우리나라 대학과는 달랐다. 아기자기함을 풍겼다. 다시 광장으로 나왔다. 춤꾼들이 길거리 공연을 벌였다. 춤판의 배경이 중세 건물이라 색달랐다. 광장 주위엔 느릿한 트램들이 배회했다. 구시가지의 운치를 더해주는 듯했다. 다만 마음에 걸리는 게 있었다. 이 모든 광경이 남아있는 이유가 나치 덕이었다는 게 그것이었다. 나치 본거지 중 하나가 여기에 있었기 때문이다. 그 덕에 폭격을 피할 수 있었단다.

여행의 의미에 대해 물은 J의 질문을 다시 생각해봤다. 예상치 못한 만남과 예기치 않은 경험이 여행의 의미이지 않을까 싶었다. 무작정 들른 도시가 유럽 최고 도시 중 하나인 크라쿠프였던 것처럼 말이다. 물론 완벽한 대답은 아니었다. 예상치 못한 기쁨만큼이나 짜증나는 일도 많이 벌어졌기 때문이다. 하루 종일 졸트에 낚여 지갑을 털리고, 카메라 버튼을 잘못 눌러 사진을 통째로 날렸던 게 그러했다.

하지만 참을 수 있었다. 다음 날은 아우슈비츠에 가는 날이었다. 아우슈비츠에 서린 나치의 광기는 연합군이 유럽에서 흘린 피에 대한 명분을 줬다. 그렇다면 아우슈비츠는 또한, 유럽을 쏘다니며 땀과 돈을 흘린 내게도 명분을 주지 않을까. 그런 생각을 하며 숙소로 돌아갔다.

이윽고 아우슈비츠로 가는 날이 밝았다. 크라쿠프 버스 터미널로 향했다. 오슈비엥침(아우슈비츠의 폴란드식 발음)행 버스에 올랐다. 이 버스도 말이 버스지 영락없는 봉고차였다. 스무 개 남짓한 좌석에는 입석까지 포함되어 있었다. 달리는 내내 기사님 취향이 듬뿍 담긴 록 음악이 흘러나왔다. 바로 옆에는 폴란드 커플 한 쌍이 사정없이 비벼댔다. 아우슈비츠, 그곳으로 가는 길만큼은 차분하고 진지할 줄 알았다. 역시나 내 예상은 시작부터 빗겨 나가고 있었다.

폴란드 커플의 비벼댐을 참기 힘들었다. 필사적으로 창밖을 응시했다. 허허벌판이 펼쳐졌다. 이따금씩 중소 도시가 보이기도 했다. 벌판이든 도시든 죄다 황량함을 풍기는 듯 보였다. 아무래도 아우슈비츠로 가는 길이라 그랬나 보다. 리가에서 만났던 한국인 아저씨가 생각났다. 아저씨는 아우슈비츠를 방문한 적이 있다고 했다. 그런데

J의 뒷 모습

크라쿠프 구시가지 광장

아저씨는 사진 한 장 찍지 못했다고 했다. 수용소에서 풍기는 참혹함 때문이었다. 버스 옆자리에는 동양인이 앉아 있었다. 그의 핸드폰에는 일본어가 어지러이 적혀 있었다. 얼마 전 세계문화유산이 되었다는 지옥 섬이 떠올랐다. 창밖 풍경이 더욱 황량해져 갔다.

그곳에 도착했다. 시작부터 만만치 않았다. 조용한 길을 따라 10분 정도 걸었다. 입구가 나왔다. 관광객들 너머로 흰색 밥 차가 보였다. 매표소라고 했다. 직원에게 지갑을 들이밀었다. 얼마면 되느냐고 물었다. 사람이 많아 3시 이전까지는 못 들어간단다. 그 때 시각은 오후 12시. 꼼짝없이 세 시간을 기다려야 했다. 3시 이후엔 입장료가 무료라는 걸로 위안 삼았다.

입구 앞 벤치에 앉았다. 유독 많은 까마귀를 구경했다. 앞을 지나다니는 삼천 명에 가까운 사람들을 쳐다봤다. 떨어진 밤송이를 주워댔다. 여전히 한 시간이 남았다. 아우슈비츠고 뭐고 그냥 가버릴까 싶었다. 고민이 커져가던 찰나, 시간이 다 되었다. 고개를 들었다. 끝이 보이지 않는 줄이 눈에 들어왔다. 정말로 가버릴지 다시금 고민했다.

결국 발걸음을 돌리지 못했다. 끝내 그곳으로 들어갔다. 매표소에서 들리던 소음은 사라졌다. 영화로만 봤던 망루와 철조망이 보였다. 입구 뒤에는 공터가 있었다. 수용자들이 들어올 때마다 행진곡을 연주하기 위해서 만들었다고 한다. 수용자들 발을 맞추게 하는 의도였단다. 연주자는 악기를 다룰 줄 아는 수용자였다고 한다.

겹겹이 둘러진 쇠창살을 통과했다. 붉은 벽돌 건물들이 등장했다. 건물들은 각자의 콘셉트에 맞게 수용소 실상을 전시하고 있었다. 먼저 보였던 건물로 들어갔다. 벽에 붙어있는 사진을 쳐다봤다. 아우

아우슈비츠 입구. 여기서만 3시간을 보냈다

아우슈비츠 입구

슈비츠에 갇혀있던 수용자들 모습이었다. 눈을 떼기 힘들었다. 모두들 불안한 눈빛이었다. 옆에는 2차 대전 당시 소련군 업적이 그려져 있었다(아우슈비츠는 소련군에 의해 발견됐다). 그것들에서는 금방 눈이 떼졌다. 불안에 떠는 수용자와 당당한 소련군 사령관은 당최 어울리지 않는 조합이었다.

다른 건물로 들어갔다. 가스실 모형도가 나왔다. 할 말을 잃었다. 그곳에서만 2천명이 죽었단다. 머리칼과 금니는 따로 모아졌다고 한다. 옆방으로 이동했다. 탁한 냄새가 밀려왔다. 가늘고 검은 것들이 모아져 있었다. 여성 수용자에게서 벗겨진 머리칼이었다. 고등학교 교실 두 개는 합쳐 놓은 길이었다. 무게는 1950kg에 달했다. 나치 독일의 직물산업과 독가스 제조에 사용되었다고 한다. 한쪽 벽엔 사진을 찍지 말라는 기호가 붙어 있었다. 굳이 붙여놓지 않아도 됐다. 충분히 찍기 싫은 광경이었다. 서둘러 방을 빠져나갔다.

건물을 나올 때였다. 갑자기 "hey!"라는 소리가 들려왔다. 뒤를 돌아봤다. 터키인 다리아였다. 탈린과 리가에서 만났던 그녀를 아우슈비츠에서도 만났던 것이다. 우연이었다. 옆에는 그녀의 친구가 서 있었다. 친구의 미모 역시 대단했다. 스튜어디스 출신인 다리야의 친구다웠다. 그들과 함께 다니기 시작했다. 나를 바라보는 서양 아저씨들의 시선이 매서워졌다. 슬며시 뒤로 빠졌다. 다리야의 긴 머리칼이 보였다. 한껏 찰랑거렸다.

한 마을을 돌아보는 기분이었다. 끝이 없었다. 똑같은 건물들은 일정한 간격으로 늘어 서 있었다. 유태인은 물론 나치에 대항한 사람들, 그리고 그 일가족까지 가둬야 했으니 오죽했겠는가. 우리 셋은 아무 말이 없었다. 이따금씩 사진만 찍을 뿐이었다. 출구를 나왔

아우슈비츠 내부

아우슈비츠 내부

수용자들이 신고 왔던 신발들

아우슈비츠 수용자들 사진

다. 철조망 너머로 해가 넘어갔다. 아우슈비츠가 담고 있는 애환과 달리 아름다웠다.

두 시간 만에 밖으로 나왔다. 아우슈비츠, 그곳은 어떤 곳인가. 10년 전 어느 날, 벗은 여자가 나온다고 해서 곧장 찾아봤던 영화, '쉰들러 리스트'를 보고 알게 된 곳이다. 영화가 끝나고 생각난 단어가 있다. '죽음'이었다.

'죽음'하면 떠오르는 이가 있다. 중학교 첫 짝꿍이었던 G가 바로 그다. 고등학교 시절, 10시간 동안 야간 산책을 감행했을 때가 있었다. 명목은 가출이었다. 그때 G는 밤새도록 나를 달래줬다. 한 달 후, 그 친구가 세상을 떠났다. 정작 나는 그를 배웅하지 못했다. 기가 막히게도 중간고사가 하루밖에 남지 않았다는 게 그 이유였다. 결국 언제나 그랬듯 시험을 망쳤다. 장례식장으로 달려갔다. 텅 빈 빈소만이 남아있었다. 죽음에 대한 첫 경험이 이래서였을까. 죽음이란 단어는 내게 미안함을 떠올리게 한다.

해가 완전히 떨어졌다. 어둑해진 문 뒤엔 9000명의 원한이 서려있었다. 그런데 그 일을 자행했던 사람은 전범 재판에서 이렇게 말했다. "군인으로서 명령을 받들었을 뿐이다." '죽음'하면 미안함이 떠오르는 내겐 심히 당황스런 발언이다. 그 역시 군인이기 이전에 미안함을 느낄 수 있는 사람 아니었던가.

야간버스를 탔다. 목적지는 체코 프라하였다. 앞자리에 버스 승무원이 앉았다. 길고 윤기 나는 머리칼이 눈에 들어왔다. 졸트에 낚여 펑펑 쓴 돈이 아깝지 않았다.

아우슈비츠의 철조망

프라하 토 나오는 CD

프라하가 아름답다는 말은 익히 들어왔다. 가이드북은 편의점조차 예쁜 도시가 프라하라고 했다. 친구 중 한 놈은 프라하 때문에 여행 일정까지 바꿨단다. 프라하에 대한 기대치가 하늘을 찔렀다. 터미널에 도착했다. 상상 속 프라하는 보이지 않았다. 아름다운 건물은 어디론가 사라졌다. 그라피티만 어지러이 수놓아져 있었다.

성급한 생각이었다. 숙소가 있는 프라하 성 근처로 갈 때였다. 회색빛 건물은 사라져갔다. '유럽!'을 외치는 건물들이 나타났다. 블타바 강을 넘었다. 프라하 성이 펼쳐졌다. 친구 말이 완벽하게 들어맞았다. 파란 하늘과 트램 전선, 그리고 프라하 성은 황금비율을 이뤘다. 그러나 감탄만 하고 있을 순 없었다. 할 일이 많았다. 이름 하여 먹기와 눕기였다. 이틀 연속 야간 버스를 탔던 내겐 가장 중요한 일이었다.

마트에 들렀다. 보이는 모든 음식물을 싹쓸이했다. 부푼 배를 부여잡았다. 깊은 잠에 빠져보자 했다. 정각마다 성당 종소리가 울려 퍼졌다. 그 결과 잠을 이룰 수 없었다. 하는 수 없었다. 어떤 성실한 놈이 종을 쳐대는지 확인하고 싶었다. 급하게 옷을 여며 입었다. 밖으로 나갔다. 프라하 야경이 밀려들었다.

야경 역시 들던 대로 아름다웠다. 인정한다. 그러나 러시아에서부터 주야장천 유럽 야경을 봐왔던 나였다. 그리 새롭지만도 않았다. 건물들은 유럽다웠다. 비비 꼬인 장식을 안고 있었다. 도로는 늘 그

프라하는 예뻤다

렇듯 하이힐을 부실 태세였다. 촘촘히 박힌 돌들은 오만 데를 함정
으로 만들어 놓았다. 그 위에 들이친 밤하늘은 건물에서 쏴대는 빛
으로 어지러웠다. 별은 보이지 않았다. 한 때 점성술이 발달했다는
도시치곤 너무나 깨끗한 까만색이었다.

　마차 통행을 위해 세워졌다는 다리로 갔다. 프라하의 자랑 카를교
였다. 다리 양편으로는 동상 서른 개가 세워져 있었다. 그중 하나가
눈에 띄었다. 카를교에서 죽임을 당했다는 성 요한의 동상이었다.
동상의 발 부분에는 손때가 많이 묻어 있었다. 만지면 복이 온다는

전설 때문이라고 했다. 동상에 손을 대봤다. 숙소를 찾아 갈 수 있게 도와 달라 빌었다. 무작정 밖으로 나오느라 지도 한 장 챙기지 않았기 때문이다. 밥을 달라 외치던 핸드폰은 꺼져 버린 지 오래였다.

미신일 뿐이었다. 성 요한은 내 소원을 철저히 비웃었다. 방황을 거듭했다. 카를교 옆에 있는 한적한 다리로 올라섰다. 길을 잃어 들어선 다리 치고는 마음에 들었다. 아니, 내겐 카를교보다 훨씬 멋졌다. 거대한 톨게이트도, 이열 종대로 늘어선 성인상도 없었다. 그러나 이리저리 얽힌 전선 너머로 보이던 프라하 야경은 카를교를 비웃고 있었다. 주변에 관광객은 보이지 않았다. 현지인들만이 급하게 퇴근하고 있을 뿐이었다. 그 속에 섞인 나, 마치 현지인이 된 기분이었다.

다리를 건넜다. 프라하 성 일대로 돌아왔다. 한국인 신혼부부가 유독 많아 보였다. 사방에서 한국어가 난무했다. 마음만은 프라하 시티즌 이었던 나는 그들을 외면해봤다. '사진 찍기 바쁜 너희들과는 다르다!' 이랄까. 그러나 나만 혼자였다. 밀려드는 외로움은 어쩔 수 없었다. 사람 만나느라 바쁠 때는 귀찮음이 느껴졌건만, 정작 홀로 남으니 외로움이 느껴졌다. 미스터리였다. 곳곳에 전설이 숨어있다는 프라하여서 그랬나 보다.

성 요한은 끝내 소원을 들어줬다. 길을 찾아냈다. 숙소 앞 마트로 향했다. 외로움도 달랠 겸 맥주 하나를 집어 들었다. 체코 맥주 코젤이었다. 가슴이 커진다는 놀라운 효능이 있단다. 오해하지는 말자. 나는 단지 마음을 넓히기 위해 마신 거다. 곳곳에 숨어 있다는 프라하 전설들을 빨아들이고 싶었다고나 할까.

마음이 너무 넓어졌던 것 같다. 핸드폰을 켰다. 프라하에 대해 간

카를교 입구

카를교에서 바라본 프라하 성

락하게 알아보기 위해서였다. 새벽 네 시가 돼서야 핸드폰을 껐다. 부랴부랴 눈을 감았다. 낮잠 때문이었을까. 두 시간도 지나지 않아 눈이 떠졌다. 나 때문에 밤새 뒤척이던 룸메이트가 나를 노려봤다. '쟤는 뭐지?'라는 표정이었다. 멋쩍게 웃어줬다. 서둘러 나갈 준비를 마쳤다.

체코의 자존심이자 궁궐과 성당으로 범벅을 이룬 프라하 성으로 갔다. 구(舊)왕궁이 첫 방문지였다. 영화 '해리포터'에서 보던 거대한 급식실이 나타났다(전문용어로는 연회장이라고 부른단다). 금박을 기본으로 삼던 러시아 궁에 비해 싱거웠다. 물론 미안한 생각이었다. 천 년 전에 지어진 이 급식실엔 수많은 풍파가 녹아있지 않았겠는가. 다음 장소로 넘어갔다. 성 이르지 바실리카 성당이었다. 로마네스크 양식의 진수라고 불린단다. 쾌한 냄새가 밀려왔다. 목 잘린 성모상과 먼지로 뒤엉킨 예수상이 보였다. 900년의 역사가 느껴지는 광경이었다.

본 게임이 시작됐다. 프라하 성의 상징인 비투스 성당과 황금소로로 넘어갔다. 우선 비투스 성당으로 향했다. 규모가 상당했다. 무릎을 꿇어 봐도, 아무리 멀리 물러나 봐도, 카메라에 담겨지지 않는 규모였다. 모퉁이엔 비에 젖은 원숭이 상들이 보였다. 물방울을 흘리고 있었다. 마치 침 흘리는 모양새였다. 사진을 못 찍고 있는 나를 비웃어 대는 듯했다.

비투스 성당 안으로 들어갔다. 카메라 렌즈가 요동쳤다. 사방엔 스테인드글라스가 박혀있었다. 무심코 들어온 햇빛은 화려하게 염색 되었다. 과연 왕들이 묻혀 있는 성당다웠다. 동시에 이 성당을 만든 장인들이 정말 고생했겠단 생각이 들었다. 사방에서 한국인 가이

비투스 성당, 정말 컸다

비투스 성당 내부

95

드 목소리가 울려댔다. 귀 동냥이라도 해볼까 싶었다. 그러지 않기로 했다. 내게 메인 스테이지는 따로 있었다. 연금술사들이 머물렀다는 황금소로가 그곳이었다.

생각보다 별로였다. 황금소로에 들어섰을 때였다. 소로가 다름 아닌 작은 길(小路)이었음을 깨달았다. 알록달록한 건물들은 밀려드는 관광객에게 잠기기 일쑤였다. 카프카가 머물렀다는 22번 집으로 들어가 봤다. 카프카 사진이 붙은 기념품 가게였을 뿐이었다. 우산을 휘날리며 달려오기엔 다소 실망스런 자태였다.

비록 기대에 미치진 못했으나 황금소로의 존재만큼은 신선했다. 어느 나라든 성이라고 하면 왕족들의 거대하고 화려한 거처만 볼 수 있는 게 대부분이다. 그러나 황금소로는 달랐다. 연금술사, 점술사는 물론 호위대에 이르기까지, 왕족은 아니나 왕실이 필요로 했던 이들이 머물렀던 곳이었다. 그러한 곳이 체코의 자존심이라고 불리는 프라하 성의 메인 관광지라는 사실은 꽤나 신기했다.

사실 이런 곳은 잘 없다. 러시아 궁들은 하나 같이 왕족의 위용만 과시했다. 우리나라도 마찬가지다. 경복궁에는 왕만 살았던 게 아니다. 내시와 궁녀 등 왕실에 꼭 필요했던 사람들도 살았다. 지금 내시와 궁녀들이 살던 건물들의 모습은 어떠한가. 대부분이 잔디로 덮여 있다. 동양에서 잔디는 서양에서처럼 낭만적이지 않았다. 동양 잔디는 주로 무덤에만 쓰였다. 경복궁의 황금소로들은 죽은 채로 놓여있다고 볼 수 있겠다.

프라하로 돌아오자. 설에 따르면 황금소로엔 많은 연금술사가 머물렀다고 한다. 그들이 얼마나 고생을 했던 사람들인가. 찾고 싶은 금은 안 나오고 허구한 날 폭발만 일어났을 게다. 듣도 보도 못한 물질들이 튀어 나왔던 건 기본이었다. 그런 판에 해마다 예산 심의를 받아야 했을 그들을 떠올려 보면 눈물이 앞을 가린다.

하지만 연금술사의 시도는 헛짓으로 끝나지 않았다. 그들의 좌충우돌은 화학의 발전을 불러왔다. 오늘날 과학의 토대를 이뤘다. 그러니 그들이 머물렀다는 황금소로가 프라하 성의 메인 관광지란 사실은 의미가 있어 보인다. 경복궁에도 잔디 대신 주방이, 주차장 대신 그들의 숙소가 있었다면 어떠했을까. 좀 더 아름답지 않았을까.

성을 나왔다. 도로 옆으로 잔디밭이 늘어서 있었다. 잔디를 함부로 밟지 말라는 표지판이 눈에 들어왔다.

어느새 프라하에서의 마지막 밤이 찾아왔다. 좀처럼 여독이 풀리지 않았다. 일찍 잠자리에 들려고 했다. 그 순간, 같은 방에 있던 러시아 아주머니와 눈이 마주쳤다. 뭔가 무서웠다. "그래도 프라하인

프라하 성의 황금소로. 하늘색 22번 집은 카프카 기념품 가게일 뿐이다

데 마지막 밤을 그따위로 보낼게냐!"라는 듯했다. 카메라를 둘러맸다. 서둘러 밤거리로 나가봤다.

거리 곳곳은 음악으로 넘쳐났다. 카를교 입구에 다다랐다. 인도 악기를 다루는 히피가 호기심을 자극했다. 다리에 올라섰다. 중세 악기를 다루는 아주머니와 색소폰을 불고 있는 젊은이가 보였다. 그들 뒤로는 프라하 성이 겹쳐졌다. 거뭇해진 하늘을 받치고 있었다. 괜찮은 하모니였다.

강을 건넜다. 바에서 시끄러운 클럽음악이 들려왔다. 와인을 한잔씩 잡은 젊은이들은 삼삼오오 모여 노래를 불러댔다. 광장도 마찬가지였다. 구시청사 앞엔 모던 록을 연주하는 밴드가 있었다. 주위는 인산인해를 이뤘다. 연주자 얼굴은 볼 수 없었다. 인파를 뚫었다. 옆 골목으로 빠졌다. 또 하나의 주크박스가 나타났다.

인산인해를 이루던 광장

에스테티스 극장이었다. 모차르트, 바그너, 차이코프스키 등 이름만 대면 알 수 있는 음악가들이 활약했던 곳이다. 모차르트는 "프라하 사람들이야 말로 음악을 가장 잘 이해하는 사람들이다"라는 찬사를 보내기까지 했단다. 그의 마음이 읽혔던 걸까. 모차르트의 생애를 그린 영화 '아마데우스'의 촬영 장소는 이곳 에스테티스 극장이었다고 한다.

하지만 그날 극장 앞엔 어떤 사람도 모여 있지 않았다. 카를교와 구시가지 광장에 흐르던 선율은 들리지 않았다. 몇 안 되는 사람들만이 보였을 뿐이었다. 저 멀리 마차 하나가 지나갔다. '시티투어'라는 팻말을 달고 있었다. 마차를 바라봤다. 영화 '아마데우스'의 한 장면이 생각났다. 마차에 실려 이름 모를 묘지로 옮겨지는 모차르트의 최후를 담은 장면이었다. 말발굽 소리가 처량하게 들려왔다.

할 일이 많았다. 예약해야 할 표가 산더미처럼 쌓여 있었다. 숙소로 돌아가야만 했다. 급하게 카를교에 올랐을 때였다. 묘한 선율이 들려왔다. 바이올린과 아코디언이 만들어내는 화음이었다. 미묘한 감정이 샘솟았다. 발걸음을 멈췄다. 조그만 바구니가 보였다. 남아 있던 체코 동전을 죄다 던졌다. 그 걸로도 모자랐나 보다. 12유로나 하는 그들의 앨범을 사버리기까지 했다(프라하에서 썼던 돈이 40유로였다는 점을 감안하면 12유로는 엄청난 액수였다). 왜 CD까지 산건 지 아직도 모르겠다. 어떤 예술가도 프라하를 제대로 표현할 수 없다는 말이 있다. 그런 판에 고작 휴학생인 내가 무슨 말을 할 수 있겠는가. 그날 샀던 CD가 프라하의 추억을 떠올려주는 매개체라고 하는 건 너무 감성적인 걸까.

저분들께 12유로(16,000원)를 뜯겼다

토 나오게 감성적인 말이었다. 다음 날 아침, 눈을 떴다. 내 앞에 CD가 곱게 누워 있었다. 조그맣게 붙은 가격표는 아침잠을 달아나게 했다(참고로 83일 간 나의 총 여행경비는 500만 원이 전부였다). 프라하에서 느낀 외로움 때문에 억눌렸던 느끼함이 터져 올라왔나 보다. 좌중할 필요가 있어 보였다.

뮌헨 행 버스에 올랐다. 올해 초 베트남 기차에서 만났던 다르코가 자기 방을 내어 주겠다고 했다. 뮌헨에 있는 그에게서 장문의 메시지가 왔다. 술을 진탕 먹자는 게 요지였다. 한껏 느끼해져 버린 내겐 진한 알코올도 괜찮을 듯했다.

프라하 성에서 내려본 프라하 풍경

CHAPTER 2
서유럽

뮌헨 어떻게 가라는 건지

터미널에 도착했다. 무섭게 치솟은 물가가 미소 지었다. 서유럽에 오긴 했나보다. 가까스로 1유로짜리 핫도그를 건졌다. 다르코와 만나기로 했던 약속 장소로 갔다. 이민자들이 많았다. 대부분 아랍인과 아프리카 사람들이었다. 그 중 한 명이 말을 걸어왔다. 아랍어가 난무했다. 당최 알아들을 수 없었다. 자세히 들어봤다. 말끝 마다 "아프가니?"라는 단어를 붙였다. 설마 싶었다. "꼬레안!"이라고 대답해봤다. 상당히 놀란 기색이 비춰졌다. "네가?"라는 표정이 돌아왔다. 나를 아프가니스탄 사람인 줄 알았나 보다. 핸드폰에 비친 나의 상태를 확인해봤다. 그 친구 마음이 이해가 되었다. 불안감이 엄습했다. 다르코가 나를 알아보지 못하면 어쩌나 싶었다. 최대한 방긋 웃으며 기다려봤다.

다르코는 단번에 나를 알아봤다. 다행이었다. 매서운 눈매와 반짝이는 민머리로 상대를 제압하는 다르코였지만 마음만은 따뜻한 친구였다. 그의 집으로 갔다. 다르코의 애인, 이네스가 나타났다. 곧바로 내 입에 음식을 쑤셔 넣어댔다. "왜 그렇게 힘들게 돌아다니는 거지?" 다르코가 물었다. 치즈 덩어리를 겨우 넘겼다. 그제야 대답할 수 있었다. 삼수하고 군대 갔다 오니 스물다섯이 되어서 그런 것 같다고 말했다. 내면에 있던 여행의 이유가 나도 모르게 튀어나온 순간이었다.

다음 날, 별 생각 없이 지하철역으로 향했다. 곧바로 수난이 시작됐다. 그곳은 역이 아니었다. 전쟁터였다. 한 역에 열개가 넘는 노선들이 뒤엉켰다. 역 안엔 스무 개가 넘는 플랫폼이 있었다. 플랫폼을 찾아 기어 들어갔다. 분명 선로는 하나인데 서로 다른 일곱 개 노선이 시간차 공격을 퍼부었다. 유럽의 대모(大母)다운 광경이었다. 지하철을 몇 대나 놓친 건지 모를 때였다. 청소부로 가장한 지원군을 만났다. 목적지에 겨우 도착할 수 있었다.

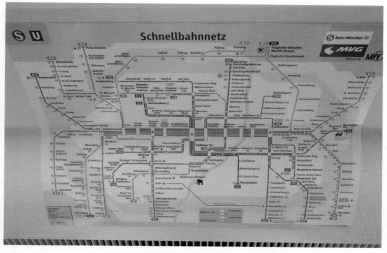

민헨 대중교통 노선도. 혼돈 그 자체였다

지하철역이라 우겨대는 참호를 빠져나왔다. 마리엔 광장으로 향했다. 네오고딕 양식을 갖춘 신시청사가 날 반겼다. 그 옆엔 프라우엔 성당이 서 있었다. 시청과 성당의 뾰족 지붕은 광장의 풍미를 더해줬다. 뒤로는 명품 숍이 밀집했다. 막시밀리안 거리였다. 동유럽과는 또 다른 맛을 선사하는 광경이었다. 유럽의 다양한 진가를 느낄 수 있었다.

마리엔 광장

광장에 오래 머물지는 않았다. 가야할 곳이 있었다. 노이에 피나 코테크가 그곳이었다. 고흐와 모네를 비롯해 고갱과 클림트의 작품까지 볼 수 있다는 미술관이었다. 늦게 출발했기에 꽤나 서둘렀다. 너무 서둘렀던 걸까. 초겨울 날씨임에도 땀이 났다. 잠시 멈춰 섰다. 겉옷을 벗어던졌다. 다시금 발걸음을 재촉했다. 떨어지는 낙엽 뒤로 현대식 건물과 중세 건물이 조화를 이뤘다. 사진으로 남길 만한 광경이었다. 카메라 가방을 열었다. 허전했다. 도도한 자태를 뽐내고 있어야 할 카메라가 보이지 않았다.

최대한 침착해지자 싶었다. 옷을 벗어던졌던 자리로 돌아갔다. 카메라는 보이지 않았다. 온갖 욕설이 터져 나왔다. 그 와중, 짐 하나가 줄었다는 생각이 들었다. 믿기 힘든 성자의 마음이었다. 물론 금방 사그라졌다. 근처 카페로 쳐들어갔다. 하루 여행경비보다 비싼 커피 값이 눈에 들어왔다. 불쌍한 표정을 지어 보였다. 종업원에게 말을 걸었다. 잠시 뒤 하얀 카메라가 나타났다. 종업원이 따로 챙겨뒀던 것이다! 테라스를 정리하던 중 도로에 놓인 카메라를 봤다고 했다. 반가움과 고마움이 교차했다. 종업원에게 무한한 존경을 표했다.

발걸음이 한결 가벼워졌다. 미술관이 밀집한 골목으로 들어갔다. 오른쪽에는 렘브란트와 루벤스가 있다는 알테 피나코테크가, 왼쪽에는 앤디워홀이 있다는 모던 피나코테크가 보였다. 저 멀리 또 다른 미술관이 보였다. 목적지, 노이에 피나코테크였다. 마침내 고흐를 만날 순간이 다가왔다. 귀를 자르면서까지 까칠하게 고민하던 고흐. 그러한 그의 작품을 본다면 여행의 이유에 대한 작은 실마리를 얻을 수 있지 않을까 싶었다.

고흐는 까칠했다. 처참히 거부당했다. 미술관은 기술적 문제로 장기간 휴관이란다. 크게 낙담할 필요는 없었다. 바로 앞에는 렘브란트가, 그 옆에는 앤디워홀이 있었다. 렘브란트는 접어두기로 했다. 상트페테르부르크 에르미타주 미술관에서 렘브란트를 만난 적이 있던 나였다. 앤디워홀에게로 달려갔다.

모던 피나코테크, 겉모습부터 웅장했다. 현대 미술관다웠다. 안으로 들어갔다. 화장실조차 위엄을 풍겨댔다. 자동문이 열렸다. 우주선이 열리는 듯했다. 최대한 위엄 넘치게 볼 일을 마쳤다. 전시관으로 들어갔다. 루돌프 본 알트 특별전이 열리고 있었다. 전혀 들어 본 적 없었던 화가였다. 그가 무명이 아니라 내가 무식한 것일 게다.

풍경화를 주로 그렸다는 루돌프, 그의 그림엔 왠지 모를 디테일함이 살아있었다. 개털 하나하나가 살랑거렸다. 사람 머리칼은 말할 것도 없었다. 철저한 계산을 바탕으로 그렸기에 가능한 일 같았다. 전혀 몰랐던 화가였지만 나쁘지 않았다. 괜찮았다. 그러나 가장 마음에 들었던 건 따로 있었다. 한쪽 벽에 박혀 있던 그가 남긴 말이 그러했다. "나는 작품 수를 세어가며 그리진 않는다. 나는 그저 그려나갈 뿐이다."

골목 곳곳에 미술관이 있었다

모던 피나코테크 미술관 전경

지하로 발을 돌렸다. 역사상 디자인이 참신했던 제품들을 모아 놓은 전시실이 나왔다. 중세시대 의자부터 오늘날 스포츠카에 이르기까지 다양했다. 한쪽엔 애플 매킨토시를 필두로 컴퓨터들이 놓여 있었다. 과거를 호령하던 최첨단들이 박제되어 있는 모양새였다. 일렬로 늘어선 컴퓨터들을 찍어냈다. 문득 내 카메라도 언젠가는 여기에 놓이겠다는 생각이 들었다. 그런 날이 온다면 나는 어디에 놓여 있을지 궁금해졌다.

계속해서 돌아봤다. 딱 봐도 쓸모없어 뵈는 타자기가 나타났다. 노트북보다 작은 크기에선 아담함이 풍겨져 나왔다. 검은 자판 사이로 금색 부품들이 비쳤다. 꽤나 예쁜 디자인이었다. 그 앞엔 많은 사람들이 모여 있었다. 퇴물 타자기 앞에 모인 사람들을 보며 생각했다. 나중에 어디에 있든, 주위에 사람을 모을 수 있는 존재가 되자. 타자기 앞에서 저런 생각을 하다니. 점점 미쳐 가고 있었나 보다.

2층으로 올라갔다. 영상작품들이 쏟아졌다. 내가 아직은 멀쩡하다는 걸 알 수 있었다. 제대로 미친 작가들이 많았다. 그 와중 동영상 작품 하나가 나타났다. 최고로 광기가 서린 작품이었다. 영상 안엔 두꺼운 철학책을 읽고 있는 소녀가 보였다. 그게 전부였다. 저런 걸 작품이랍시고 틀어 놓다니, 작가가 보통 미친 게 아니었다. 잠시 쉴 겸 의자에 앉았다. 영상을 쳐다봤다. 소녀는 있는 힘껏 미간을 찌푸리고 있었다. 자신에게 맞지 않는 걸 강요당하는 모습이었다. 부자연스러웠다. 강요당하는 대로만 살면 안 되겠단 생각이 들었다. 멋진 타자기로 남으려면 말이다. 그러기 위해선 계속 걸어가 보는 게 먼저이지 않을까 싶었다. 자기는 그저 그려댈 뿐이라던 루돌프 본 알트의 말처럼.

모던 피나코테크 내부. 저 아저씨는 분명 화가일 게다

예쁜 타자기

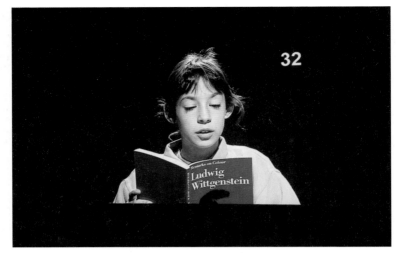

피나코테크 박물관의 동영상 작품

피나코테크 박물관의 루돌프 본알트 그림

미술관을 나섰다. 지하철로 가장한 전쟁터에 들어섰다. 힘차게 꾸준히 앞으로 걸어갔다. 엉뚱한 곳이 나왔다. 완벽하게 길을 잃었다. 걸어가더라도 생각은 하면서 걸어야 했다.

눈을 떴다. 머리가 터질 듯 아파왔다. 전날 밤 다르코가 본성을 드러냈기 때문이다. 두 시간 만에 맥주 한 짝이 사라졌다. 언제 잠에 든 건지도 모르겠다. 방문을 열었다. 다르코와 이네스는 출근한지 오래였다. 힘겹게 샤워를 마쳤다. 거리로 나섰다.

집안 곳곳에 맥주를 숨겨뒀던 다르코

BMW 박물관으로 향했다. BMW 본사가 뮌헨에 있다는 걸 알지 못했다. BMW의 B가 바바리아(뮌헨이 속한 행정구역)의 첫 글자에서 따왔다는 건 더더욱 몰랐다. 야만적으로 잘 달린다는 의미로 야만인을 뜻하기도 하는 바바리안에서 따 온 줄로만 알았기 때문이다. 창피했다. 박물관으로 가는 내내 그러했다. 박물관에 도착했다. UFO를 연상시키는 건물이 나타났다. 크고 동그랬다. 입구엔 여러 언어가 쓰여 있었다. '안녕하세요.'도 보였다. 그 때문이었을까. UFO로 보이던 건물이 동대문 플라자처럼 느껴지기도 했다.

건물로 들어갔다. 말끔한 전시장이 펼쳐졌다. BMW 차들이 매끈한 자태를 뽐내고 있었다. 영화 '미션 임파서블'에 등장했던 오토바이도 놓여 있었다. 사람들은 오토바이에 앉아 목도리를 휘날리며 사진을 찍어댔다. 눈을 돌려봤다. 클래식 카와 미래를 지향하는 콘셉트 카가 섞여 있었다. 뒤로는 공장 견학로 입구가 보였다. 들어가고 싶진 않았다. 왜 그랬던 걸까.

내가 차에 별로 관심이 없다는 게 한 몫 했다. 또한 전시실을 볼수록 박물관이라기 보단 거대한 매장 같다는 생각이 들었다. 무늬는 견학이었지만 실상은 광고였다. '손님 전용'이란 팻말이 붙은 엘리베이터는 그러한 생각을 더해줬다. 입구로 돌아갔다. 오토바이들이 모여 있었다. 섹시한 엉덩이를 자랑해댔다. 무시했다. 발걸음을 돌렸다.

큰일 났다. 갈 곳이 딱히 없었다. 뭐라도 해야만 했다. 그 순간, 머릿속에 한 곳이 떠올랐다. 뮌헨에는 세계적인 대학교가 있다고 했다. 그곳에 가보자 마음을 먹었다. 목적은 하나였다. 거기에선 예쁜 누나들을 보며 쉴 수 있지 않겠는가 싶었다. 캠퍼스를 향해 내달렸다.

유니버시타트. 지하철 역 이름에서부터 대학 냄새를 풍겼다. 세계적으로 유명한 루드비히 막시밀란 대학이 근처에 있다고 했다. 밖으로 나왔다. 종탑을 지닌 거대한 건물이 보였다. 저긴가 싶었다. 건물

뮌헨 BMW 박물관. 박물관인지, 판매장인지

을 향해 걸었다. 캠퍼스는 거대해 보였다. 입구조차 찾기 힘들었다. 걸으면 걸을수록 이곳이 캠퍼스인지, 일반 골목인지, 알 수 없었다. 문득 중국 난닝에서 가봤던 난닝대학이 생각났다. 난닝대학은 거대함의 극치였다. 캠퍼스 안에는 재래시장까지 돌아가고 있을 정도였다.

여긴 한층 더 고차원이었다. 난닝대학엔 적어도 울타리는 있었다. 이곳엔 울타리조차 보이지 않았다. 골목을 사이로 단과대학들이 이리저리 퍼져 있을 뿐이었다. 건물로 다가갔다. 무심코 창문 안을 들여다봤다. 창문 너머로 넓은 강의실이 펼쳐졌다. 평범한 골목에 대강당들이 숨어 있다니. 생뚱맞은 광경이었다. 벤치는 어디에도 존재하지 않았다. 가만히 앉아 예쁜 누나들이나 구경하겠다던 내 욕망은 무너졌다.

다리에 경련이 일어날 듯했다. 앉고 싶다는 생각이 밀려들었다. 그때였다. 예쁜 건물 하나가 보였다. 철학과 건물이라고 했다. 입구 안엔 아무개의 초상화가 걸려 있었다. 유명한 철학자이었을 게다. 문득 어느 철학자 한명이 떠올랐다. 비트겐슈타인이었다. 전날, 미술관의 동영상 작품 속 소녀가 인상을 찌푸리며 읽던 책의 저자였다. 나도 겉멋에 들려 그의 책을 읽었던 적이 있었다. 그는 유럽 3대 재벌의 상속자였음에도 불구하고 상속을 포기한 채 연구에만 골몰했다. 그의 주된 연구는 '사람은 어떻게 살아야 하는가?'에 대한 고민이었다. 그가 했던 말 중엔 마음에 드는 게 있다. 짧게 정리해 보자면 이러하다. "얼음판에선 걸을 수 없다. 마찰이 필요하다. 거친 땅으로 되돌아가자!"

정신이 번쩍 들었다. 뮌헨까지 와서 다리 아프다고 징징대던 내

분명 대학 같기는 했다

가 부끄러워졌다. 다시금 걸어 나가보자 결심했다. 골목을 돌아 나
왔다. 꽤나 멋진 건물이 보였다. 벽에 붙은 푯말을 유심히 쳐다봤다.
루드비히 막시밀란! 이럴 수가. 이곳이 내가 찾던 루드비히 막시밀
란 대학이었다. 한 시간 가량 헤맸던 골목은 다른 대학이었던 것이
다. 안으로 들어 가봤다. 널따란 캠퍼스가 펼쳐졌다. 벤치는 물론이
고 예쁜 누나들도 많았다. 하마터면 아무것도 모른 채 루드비히 막
시밀란 대학에 가봤다고 할 뻔 했다. 역시, 거친 땅으로 나아가봐야
했다. 여행이든 뭐든 간에 말이다.

　다르코 집으로 돌아갔다. 다르코는 나를 애타게 기다리고 있었다.

루드비히막시밀란 대학교 전경

반지하의 거대한 강의실

들어가기 무섭게 나를 끌고 나갔다. 뮌헨의 상징, 호프 브로이 하우스로 가기 위해서였다. 술집, 아니 지붕 덮인 맥주 시장에 도착했다. 사람들로 바글거렸다. 전통악단은 바바리아 선율을 퍼뜨려댔다. 전통 복장을 걸친 할아버지들은 맥주를 퍼부어댔다. 그 사이에 있던 나도 맥주에 버무려져갔다. 맥주의 본토, 뮌헨의 마지막 밤다웠다.

뮌헨의 호프 브로이 하우스. 살다 살다 이렇게 큰 호프집은 처음 봤다

베를린 물은 마시니?

　고마운 마음에 다르코에게 큰절을 올렸다. 큰절에 기겁하는 그를 뒤로 했다. 집을 나섰다. 또다시 버스에 올랐다. 베를린으로 향하는 버스였다. 운이 좋았다. 베를린에서도 잘 집을 구했기 때문이다. 카우치 서핑(여행자에게 무료로 자신의 집을 내주는 커뮤니티)을 통해 연락이 닿은 플로리안 덕분이었다. 베를린 터미널에 도착했다. 플로리안의 집으로 향했다. 빛나는 대머리가 무색할 만큼 잘생긴 얼굴과 큰 키를 지닌 청년이 나타났다. 플로리안이었다. 뒤에는 그의 아내 릴리가 서 있었다. 깔끔한 방에 짐을 풀었다. 따뜻한 저녁을 대접 받았다. 생면부지인 나를 이렇게 환대해주다니, 그것도 공짜로, 감개무량했다. 이러한 환대 때문이었을까. 화장실에서 모든 볼일은 앉아서 봐달란 그들의 주문은 감당할 만했다.

　환대는 거기서 끝이 아니었다. 다음 날 아침, 플로리안이 직접 베를린 투어를 해주겠다고 했다. 그를 따라 트램에 올랐다. 어색함이 감돌았다. 얹혀 지내는 '을'인 내가 입을 뗐다. "너 아직 20대잖아, 왜 그렇게 빨리 결혼한 거지?" 플로리안, 자신의 결혼담을 나열하기 시작했다. 릴리는 파리에서 만났단다. 릴리는 콜롬비아 인이었기에, 비자 문제로 매번 돌아가야 했다. 그런 그녀를 잡고 싶었단다. 그래서 선택한 게 신속한 결혼이었다. 천천히 듣고 있던 내가 대답했다. "이놈 완전 남자구만." 플로리안이 웃었다. 동시에 시려오는 옆구리가 느껴졌다. 케밥으로 외로움을 달래봤다. 상당히 짰다.

릴리와 플로리안

베를린 장벽에 도착했다. 생각만큼의 감흥은 없었다. 벽에 수놓인 그림에서 냉전의 첨예함은 보이지 않았다. 대신 거대한 캔버스, 아니 거대한 낙서장이란 느낌만 풍겼다. 그 앞엔 사람들이 쉴 틈 없이 지나다녔다. 어수선함이 밀려들었다. 그래도 밤마다 조명으로 달궈지는 휴전선보다는 멋져 보였다.

베를린 TV 타워

베를린 TV타워를 향해 걸었다. 베를린의 남산타워라고 할 수 있겠다. 동독 정부가 체제 선전을 위해 세웠다고 했다. 플로리안이 걸음을 멈췄다. 근처 할머니 댁에 가보잔다. 엉겁결에 그의 할머니까지 만나게 되었다. 할머니의 집은 동독시절 지어진 아파트에 위치했다. 엘리베이터에 올랐다. 덜그럭 대는 소리에서 공산주의 느낌이 묻어났다. 하얀 머리를 지닌 여인이 나타났다. 플로리안의 할머니였다. 동독 출신이라고 하셨다. 내가 한국인이라고 하자 통일을 기원

한다 말하셨다. 30분 남짓 담소를 나눴다. 아파트 밖으로 나섰다. 동독 지구였기에 그랬을까. 건물들에게서 딱딱함이 느껴졌다. 건물이라기 보단 성냥갑에 가까웠다. 뒤에는 거대한 TV타워가 서 있었다.

계속해서 플로리안을 따랐다. 공원 하나가 나왔다. 사람들이 많았다. 일요일마다 열리는 음악 축제 때문이었다. 사람들이 많은 곳으로 걸어갔다. 널따란 노천극장이 나왔다. 베를린 판 전국노래자랑이 열리고 있었다. 민간 MC는 관중석에 앉은 사람들을 불러냈다. 그렇게 끌려 나온 사람들은 한 곡씩 뽑아댔다. 누구도 기획한 이는 없었단다. 저절로 생긴 거란다. 그렇다고 하기엔 매우 훌륭했다. 박 터지게 흥겨웠다.

박 터지게 흥겨웠던 베를린 판 전국 노래자랑

공원을 빠져나왔다. 베를린 장벽이 다시 한 번 나타났다. 이번엔 조금 달랐다. 옛날 그대로의 모습이었다. 어떤 그림도 보이지 않았다. 장벽이 사라진 자리엔 가늘고 긴 철판이 깔려 있었다. 사방에는 분단 당시 상황을 보여주는 사진들이 걸려 있다. 그중 경계를 서고 있는 동독 군인 사진도 있었다. 지금쯤 GOP 어디에선가 떨고 있을 불쌍한 친구 한 놈이 생각났다. 다시금 장벽을 바라봤다. 밋밋한 회색빛이었다. 가운데에 누군가 '한국'이란 단어를 적어 놨다. 잠시 통일된 우리나라를 상상했다. 행복한 판타지 같았다. 고개를 저었다.

그날 밤, 소니플라자로 갔다. 과거 나치의 본거지였던 자리에 세워진 쇼핑몰이었다. 쇼핑을 하기 위함은 아니었다. 플로리안 내외와 함께 영화 '인턴'을 보기 위해서였다. 그들은 독일어 대신 '영어'가 나오는 영화를 예매해줬다. 참 친절도 하다. 다만 독일어나 영어나 별반 차이가 없다는 게 문제였다. 최대한 아무렇지 않은 척 영화를 봤다. 쉴 틈 없이 귀를 때리는 영어에 허덕거렸다.

영화는 전형적인 할리우드식 해피엔딩이었다. 덕분에 이해하기 수월했다. 내용은 간단했다. 영화에 나오는 늙은 인턴은 늘 친절했다. 여주인공은 완벽한 커리어우먼이었다. 그녀에게 닥쳐오는 시련들은 죄다 자연스레 해결되었다. 모든 게 행복하게, 자연스럽게 해결되었다. 행복한 판타지였다. 현실에선 일어나기 힘든 일들이었다. 몇 시간 전의 내가 생각났다. 베를린 장벽 앞에서 통일을 상상했던 나의 모습이었다. 행복한 판타지 소설이었다.

독일 입성 6일차가 되었다. 그제야 독일 대중교통 시스템을 마스터했다. 베를린을 휘젓고 다니기 시작했다. 첫 번째 행선지는 박물관 섬이었다. 미술관은 물론 고대 그리스와 이집트 박물관까지 모여

장벽이 사라진 자리는 철이 대신하고 있었다

있었다. 섬으로 들어가는 길이었다. 난민들이 유독 많았다. 사방에서 "두유 스피크 잉글리시?"가 들려왔다. 옆구리를 쿡쿡 찔리는 일도 허다했다. 반사적으로 "나인!"(no의 독일어)이 튀어 나왔다. 그 순간, 엄마 곁을 맴돌던 꼬마 가 혀를 내밀었다. 선글라스를 꺼내들었다. 오갈 곳 없던 내 눈알을 가리기 위해서였다.

독일엔 유독 난민이 많아 보였다

기어코 박물관 섬에 들어갔다. 생각만큼 사람이 많지는 않았다. 문득 그리스는 그리스에서, 이집트는 이집트에서 봐야 하는 게 아니냐는 생각이 들었다. 발걸음을 돌렸다. 강을 건넜다. 또 다른 난민 무리가 나를 주시했다. 다리 밑에 숨겨진 작은 박물관으로 뛰어 들었다.

작지만 알찬 박물관 이었다. 늘 부족했다는 동독 생필품이 주 소재였다. 벽에는 당시 사진들이 보였다. 주로 행진하던 동독 주민들

모습이었다. 부족한 물자와 대규모 행진, 익숙한 단어들이었다. 시베리아 열차에서 만났던 북한 아저씨들이 떠올랐다. 선한 얼굴로 김씨 부자를 찬양하는 아저씨들이 사진들과 겹쳐졌다. 씁쓸했다. 출구를 향해 걸어갔다. 싸해졌던 마음이 5초 만에 요동쳐 올랐다. 동독에서 유행했다던 누드비치 자료가 나타났기 때문이다. 누드비치를 담은 당시 뉴스 영상까지 돌아가고 있었다. 모자이크 따위는 없었다. 형편없었다던 동독 영상 기술에 감사함을 표했다.

유대인 홀로코스트 기념관으로 이동했다. 누드로 요동치던 마음

동독 박물관 누드비치 모형

은 가라앉았다. 독특한 건축물로 유명한 이곳은 넓은 돌무덤 같아 보였다. 판타지 영화 속 거대 미로 같기도 했다. 주변엔 스케치를 하는 미대생들이 많았다. 돌무더기 안으로 들어가 봤다. 붕붕 거리던 자동차 소리는 들리지 않았다. 어느 곳에도 희생자 이름은 없었다. 숨바꼭질을 하는 꼬마들의 숨소리가 들려올 뿐이었다. 퍼져가는 숨소리를 따라 고개를 들었다. 돌무더기로 가려진 하늘은 감옥을 연상시켰다. 전시관이 나타났다. 월요일은 휴관이란다. 다시금 발걸음을 옮겼다.

2층 버스에 올랐다. 유럽피안 정서를 느껴보기 위해서였다. 현실은 햇빛 폭탄만 맞았을 뿐이었다. 선글라스를 꺼내들 때였다. 웅장하고 기이한 성당이 튀어나왔다. 2차 세계대전 당시 폭격에 무너진 모습을 간직하고 있는 카이저 빌헬름 성당이었다. 성당 속에 있던 예수 상도 한 쪽 팔을 잃은 상태였다. 성당 맞은편에는 영화관이 있었다. 최근 개봉했다는 영화 포스터가 걸려 있었다. 하필 히틀러가 부활한 내용이었다. 유럽에서 히틀러를 얼마나 더 보게 될지가 궁금해졌다. 뒤로는 쇼핑 거리가 펼쳐졌다. 무너진 성당은 오래된 장식품이었다.

다시 한 번 지하철에 올랐다. 세계에서 가장 유명하다는 베를린 클럽 지구로 갔다. 그라피티로 가득한 건물이 나타났다. 기차 수리장이었던 곳을 개조했다고 한다. 그 순간, 몸에서 신호가 왔다. 아까 들이킨 콜라가 세상으로 돌아가고 싶어 했다. 가장 유명한 클럽 이고 뭐고 필사적으로 화장실을 찾아댔다.

베를린 사람들은 이슬조차 안 먹는 게 분명했다. 그 넓은 거리에 화장실 하나 존재하지 않았다. 근처 역으로 향했다. 역 만큼은 분명

홀로코스트 기념 공원

카이저 빌헬름 성당. 절묘하게 아작 난 모양새다

화장실이 존재하지 않겠는가. 아니었다. 이 사람들은 정녕 물 한 모금 마시지 않는다는 걸 확인할 수 있었다. 근처 베를린 장벽으로 돌아갔다. 당연히 화장실이 있을 거라 생각했다. 관광객이 많은 곳이니까. 또 한 번의 공상이었다. 그곳 역시 화장실은 존재하지 않았다. 갈수록 다급해졌다. 베를린 장벽에 해치워 버릴까 싶을 정도였다. 물론 그럴 수는 없었다. 누가 감히 그럴 수 있겠는가.

언제나 그렇듯 해답은 존재했다. 조그마한 호스텔을 발견했다. 당당히 안으로 들어갔다. 어느 방에 묵고 있냐는 직원의 물음이 날아왔다. "아임 께스트! 께스트!"라고 대꾸했다. 영어를 한 마디도 못하는 척을 했던 것이다. 직원이 차트를 뒤지기 시작했다. 화장실로 뛰어 들어갔다. 한결 느슨해진 발걸음으로 돌아 나왔다. 직원이 다시 말을 걸어왔다. "아임 꼬 아웃! 꼬 아웃!" 하며 빠져 나왔다.

다시 베를린 장벽 앞에 섰다. 방금 전까지만 해도 만리장성보다 길게 느껴졌던 장벽이었다. 더 이상은 아니었다. 짧기만 했다. 고작 화장실 갔다 왔다고 느낌이 달라지다니. 어떤 순간만 지나면 아무것도 아닌 것처럼 느껴지는 게 많은 것 같다. 베를린 장벽도 마찬가지였다. 한 때는 겹겹이 군인으로 둘러싸여 있었으나 현재는 작품과 낙서가 뒤섞인 캔버스가 되었다. 장벽뿐만이 아니다. 폭격에 신음하던 성당도, 늘 부족했다던 동독 물품들도 지금은 그저 기념품이었다. 히틀러조차도 코미디 영화 소재가 되었을 뿐이다. 다시금 북한 아저씨들이 생각났다. 판문점 또한 언젠가는 평범한 기념관이 될 날이 올 수 있을까.

플로리안 집으로 돌아갔다. 시베리아 횡단열차에서 얻은 북한 과자 껍질을 보여줬다. 플로리안이 연신 신기해했다.

지릴 뻔 했던 베를린 장벽

암스테르담 과연 지구인가

암스테르담으로 가는 길은 멀고도 험했다. 독일에서의 마지막 날, 베를린 거리를 제멋대로 쏘다녔다. 플로리안 집으로 돌아갔다. 버스 시간을 잘못 알고 있었음을 깨달았다. 큰일 났다 싶었다. 남은 시간은 한 시간, 부랴부랴 짐을 챙겼다. 콜택시를 불렀다. 저 멀리 흰색 차 한 대가 다가왔다. 무려 벤츠 마크가 박힌 택시였다. 1초에 한 번씩 치솟는 미터기에게 얻어맞았다. 비틀거리며 버스에 올랐다.

암스테르담에서도 카우치 서핑을 했다. 집주인 아네의 집으로 갔다. 여기까지는 순탄했다. 집 앞에 다다랐다. 크나큰 문제가 도사리고 있었다. 약속 시간 보다 두 시간 전에 도착했다는 게 그것이었다. 게다가 도착했던 시각은 새벽 5시였다. 새벽 5시에 초인종을 누르는 건 실례가 아닌 무례였다. 최대한 버텨 보려 했다. 그러나 나는 5분만에 돌변했다. 새벽 강추위에 무너져 버렸던 것이다. 빠르게 초인종을 눌러댔다. 얼마나 지났을까. 환갑을 넘긴 아네의 목소리가 들려왔다. 누가 들어도 졸린 목소리였다. 핀잔이 날아왔다. 왜 이렇게 빨리 왔냐고 한다. 군대에서 배운 제식을 기억해봤다. 직각걸음을 하며 소파로 기어들어갔다.

어색한 침묵이 흘렀다. 다시금 초인종이 울렸다. 남아공 출신 토마스였다. 이 친구도 아네의 집에서 얻어 잔다고 했다. 일상적인 첫인사를 나눴다. 한국에서 왔다고 말해줬다. "군대는 다녀왔니?" 토마스가 물었다. 외국인 입에서 저런 말이 나오다니. 의아했다. 알고 보니 그는 우리나라에서 2년 간 학원 강사로 일했단다. 게다가 그가 일했던 학원은 내가 다녔던 곳이었다. 세상은 미치도록 좁았다.

아네가 만들어준 음식으로 늦은 아침을 해결했다. 아네, 토마스와 함께 암스테르담 시내로 나갔다. 옹기종기 모여 있다 못해 서로를 뭉개고 있는 건물들이 나타났다. 집 면적에 따라 세금을 부과했던 과거의 법 때문에 그 지경이 되었단다. 당시 세금을 감당하지 못했던 사람들은 운하에 터전을 잡았다고 한다. 그 전통은 현재까지도 이어져 운하 가장자리에는 수상 가옥들로 즐비했다. 뒤로는 웅장한 이슬람 사원이 자리 잡고 있었다. 유럽 한 복판에 거대한 모스크라니. 톨레랑스(관용)를 중요시하는 네덜란드다웠다. 그러나 아직 놀라기엔 일렀다. 잠시 후, 그 무엇보다도 충격적인 장면이 펼쳐졌다. 사방이 붉은 쇼윈도로 변했다. 말로만 듣던 암스테르담 홍등가로 들어선 순간이었다.

붉은 쇼윈도가 끝없이 이어졌다. 창문 너머로는 기묘하게 몸을 꼰 여자들이 보였다. 탁하고 거북스런 느낌이 들었다. 도대체 누가 저런 데를 갈까 궁금했다. 그때였다. 남성 한 명이 쇼윈도를 나왔다. 거사를 갓 마쳤나 보았다. 그 남자 뒤를 밟았다. 또 다른 충격이 펼쳐졌다. 이번엔 성인용품 가게들이 나왔다. 세상에 존재하는 모든 물질을 성기 모양으로 탈바꿈 시킨 듯했다. 아무리 관용을 중시했다지만 이건 너무하지 않나 싶었다. 그 순간, 토마스가 일격을 날렸다. "한국에도 러브호텔 무지 많지?" 할 말을 잃었다. 내 마음을 알 턱이 없던 아네가 입을 열었다. "이 근처에 내가 잘 아는 가게가 있어." 오만가지 상상이 튀어나왔다. 그를 뒤따랐다.

아쉽게도 여러분이 상상했던 가게는 아니었다. 아네가 자주 찾는다는 헌책방이었다. 온 유럽에서 날라 온 책들이 먼지를 머금고 있었다. 책 더미 사이를 오갔다. 책장 너머로 시끄런 소리가 들렸다. 아네와 토마스가 벌이는 설전이었다. 자기들이 읽었던 책에 관한 논쟁이었다. 내가 끼어들 틈은 없었다. 아는 척을 할라치면 들도 보도 못한 책 이름들이 쏟아졌다. 가게를 나섰다. 헐벗은 여성들이 다시금 윙크를 날려댔다. 매춘과 헌책방이 나란히 서 있는 도시, 그곳이 암스테르담이었다.

중국계 미국인 미쉘이 밤늦게 합류했다. 그녀 역시 아네의 집에서 얻어 자는 여행자였다. 새벽까지 수다를 떨었다. 정오가 되어서야 눈을 떴다. 있는 힘껏 빈둥거렸다. 오후 두 시가 돼서야 거리로 나섰다. 그날 역시 당혹스럽긴 마찬가지였다. 아파트 엘리베이터부터 예사롭지 않았다. 엘리베이터를 타기 위해선 방문 마냥 문을 열어줘야 했다. 거리는 말할 필요도 없다. 거리 곳곳에 매복한 게이바들은 무지갯빛 깃발을 펄럭거렸다. 골목에선 마리화나 냄새가 진동했다. 사방은 특이한 가게들로 가득했다. 그 중 한 곳에 들어갔다. 마리화나 씨앗과 기구들이 가득했다. 사람이 얼마나 다양한 방법으로 연기를 들이마실 수 있는 지 알려줬다. 재빨리 가게를 나왔다. 맞은편 쇼윈도엔 물을 한 바가지 머금은 뾰족 풍선들이 보였다. 콘돔 가게였다. 무려 맞춤 제작까지도 가능하단다(그걸 도대체 어떻게 한다는 건지). 도심 광장에 들어섰다. 거대한 놀이기구들이 돌아가고 있었다. 광화문 앞에 자이로 드롭이 돌아가고 있는 격이었다. 마약과 매춘으로 모자라 도심 한 복판 놀이동산이라니. 내가 지금 지구에 있는 건지 의심스러웠다.

토마스의 뒷모습. 그 옆으로 흥미로운 가게가 보인다

헌책방

대관람차까지는 이해가 가지만 그 옆의 것은 무엇이란 말인가

우리의 본래 목적지는 고흐 미술관이었다. 마침내 미술관에 다다랐다. 끝없이 이어진 줄이 보였다. 발걸음을 돌려버렸다. 안네 프랑크 생가로 방향을 틀었다. 혹시나 하는 마음 때문이었다. 그곳 역시 줄로 뒤덮여 있긴 마찬가지였다. 결국 박물관은 단 한 곳도 가보지 못하게 되었다. 그렇게 암스테르담에서의 마지막 밤이 다가왔다.

암스테르담은 이 정도로 만족해하지 않았다. 더 많은 충격을 선사하고자 했다. 때마침 암스테르담에선 음악축제가 진행 중이었다. 간단하게 저녁식사를 마쳤다. 겉옷을 챙겨 입었다. 버스에서 내렸다. 저 멀리 쿵쿵 거리는 전자음이 밀려왔다. 마리화나 냄새 역시 끊이지 않았다.

공연장 안으로 들어갔다. '케이트보이'라는 밴드의 공연이 진행됐다. 네덜란드에서 전설적인 밴드란다. DJ가 만들어 내는 기계음과 나긋한 보컬 목소리가 뒤섞였다. 몽환적 느낌을 품은 선율이었다. 내겐 당혹스럽고 시끄러웠다. 큰 흥미가 느껴지지 않았다. 고개를 돌려봤다. 비트에 맞춰 몸을 떨고 있는 아네의 모습이 들어왔다. 상당히 충격적이었다. 컴컴한 클럽 속, 일렉트로닉 비트를 느끼며 춤추는 60대 어르신이라니. 우리나라 어르신들과는 달라보였다. 근엄해야 한다는 사회적 시선을 감내해야 하는 모습은 찾아 볼 수 없었다.

두 시간에 걸친 공연이 끝났다. "더 있을래?" 흥겨움을 겨우 가라앉힌 아네가 물었다. 더 이상은 사양하고 싶었다. 집에 가고 싶은 마음이 굴뚝같았다. 그 순간이었다. "당연히 더 있을 거지?" 옆에 있던 미쉘이 회방을 놓았다. 버스가 끊기지 않겠냐는 말로 받아쳐봤다. 야간 버스가 많으니 걱정하지 말라는 아네의 응수가 돌아왔다. 그렇게 집으로 돌아갈 시간은 멀어져만 갔다.

공연장 밑엔 꽤나 큰 클럽이 있었다. 아네는 그곳이 평범한 클럽이라고 했다. 거짓말이었다. 광란의 끝이 펼쳐졌다. 어둠 속에 숨은 DJ는 비트로 사람들을 고꾸라지게 하기 일쑤였다. 주위엔 만난 지 5분 만에 키스를 나누는 남녀로 수두룩했다. 엎친 데 덮친 격으로 미쉘은 겉옷을 벗어 던졌다. DJ에게 달려들 준비를 끝마치고 있었던 것이다. 벽 쪽으로 도망갔다. 벽을 쳐다봤다. 마약을 했으면 물을 자주 마시란 포스터가 붙어 있었다. 눈앞이 캄캄했다. 미치더라도 밝은 데서 미치고 싶단 생각이 들었다. 미쉘을 내팽개쳤다. 화장실로 뛰어가는 걸 몇 번씩이나 반복했다.

미쉘도 사람이었다. 끝내 방전됐다. 함께 버스에 올랐다. 집으로 돌아가는 길이었다. 참으로 오랜만에 고요한 시간을 갖게 되었다. 암스테르담의 새벽 풍경을 바라보며 이 나라에 대해 생각해봤다. 네덜란드는 예로부터 똘레랑스, 즉 관용의 정신을 중시해왔다. 온종일 밀려왔던 마리화나 냄새와 홍등가의 붉은 빛이 그 증거였다. 도시 한 복판에 있는 이슬람 사원 역시 마찬가지였다. 그러나 그게 다는 아니었다. 네덜란드는 주류에 배척되는 학문에도 관대했다. 멸시 당하기 일쑤였던 지동설이 이곳에서 만큼은 기꺼이 받아들여졌다. 그 결과 네덜란드는 항해술을 발달시킬 수 있었다. 강대국 사이에 낀 작은 나라임에도 불구하고 전 세계를 호령할 힘을 얻을 수 있었다(물론 나쁜 짓도 많이 했지만). 또한 현재까지도 무역의 중심은 물론 뭔지 모를 '쿨'한 나라로서 명맥을 유지하고 있다. 마약과 매춘이 있는 곳엔 주로 외국인이, 수많은 책방엔 네덜란드인이 가득했다. 그 점에서 네덜란드만의 '쿨'함, 그들만의 저력이 느껴지는 듯했다.

아네 집에 도착했다. 핸드폰을 켜봤다. 우리나라 정부가 어떤 책을 직접 만들겠다고 했단다. 그 덕에 꽤나 시끄러워보였다. 우리나라도 강대국 사이에 낀 작은 나라다.

케이트보이 공연

클럽! 광란 그 자체다

런던 대단한 두 놈

런던으로 넘어오는 길, 실로 오랜만에 국경 검문을 받았다. 그동안 갔던 유럽 국가들은 국경검사를 하지 않았기 때문이었다. 시각은 새벽 2시. 살짝 짜증이 나기도 했다. 자기들도 같은 EU이면서 왜 이러나 싶었다. 필요한 서류를 작성했다. 내 차례를 기다렸다. 영국 검문소 직원들과 눈이 마주쳤다. 까다롭기로 유명한 그들이었다. 재빨리 허공으로 시선을 옮겼다. 벽을 쳐다봤다. 직원들을 괴롭히면 가만두지 않겠다는 포스터가 붙어 있었다.

다행히 인터뷰는 잘 마무리 되었다. 도버해협을 건너기 위해 페리로 들어갔다. 매점에 가봤다. 파운드 물가는 가히 충격적이었다. 버스로 돌아가 바로 고꾸라졌다. 잠시 후, 군복을 입은 채 달력을 넘기고 있는 내 모습이 나타났다. 난생 처음 다시 입대하는 꿈을 꾼 순간이었다. 하필 유럽에서 그런 꿈을 꾸다니. 기분이 더러웠다. 소스라치며 눈을 떴다. 버스 창문 너머로 큰 시계가 보였다. 몇 백 년 동안 돌아가고 있다는 빅벤이었다.

빅토리아 코치 스테이션. 터미널 이름부터 영국다웠다. 열 시간이 넘는 버스 여정이 겨우 끝났다. 그러나 쉬기에는 일렀다. 리가에서 만났던 폴란드 배드보이 멤버 중 한명인 마르친에게로 가야했다. 마르친이 자기 집에서 공짜로 머무르라고 했기 때문이다. 고마울 따름이었다(폴란드 배드보이 마르친과 라팔은 런던에서 살았다). 런던의 대중교통 비용은 상상초월이었다. 20kg라는 가벼운 무게를 지닌 나의 작은

런던까지 왔다. 블라디보스토크에서부터 비행기 한 번 타지 않고

집을 등에 맸다. 걷기 시작했다. 무려 세 시간을 걸었다. 좌우가 뒤바뀐 도로 너머에 고급 레스토랑이 나왔다. 마르친이 매니저로 일한다는 곳이었다. 가게 문을 열었다. '저 거북이는 뭐지?'라는 시선이 느껴졌다. 마르친이 활짝 웃으며 달려 나왔다. 갑자기 빵 무더기를 던져댔다. 다 먹으란다. 그날 만든 빵은 그날까지만 판다는 가게 원칙 때문이었다. 덕분에 폭식할 수 있었다. 사먹었다면 5만 원어치라고 했다.

오후 다섯 시에 가게 문이 닫혔다. 당최 의도를 알 수 없는 마감시간이었다(이 시간에 문을 닫는 또 다른 밥집이 있다면 그곳은 무료 급식소가 아닐까 싶다). 마르친의 자취방으로 이동했다. 두 명이 누우니 꽉 찼다. 이래 뵈도 월세만 100만 원이 넘는 방이었다. 곧바로 집을 나섰다. 또 다른 폴란드 배드보이, 라팔을 만나기 위해서였다. 라팔과 뜨거운 포옹을 나눴다. 배드보이에게 휴식이란 존재하지 않았다. 재회의 인사를 채 마치기도 전이었다. 2층 버스에 던져졌다. 중심가로 향하는 버스라고 했다.

해롯 백화점을 지났다. 길바닥에 명품이 흘러 다니는 듯했다. 차이나타운이 나왔다. 정말 중국인은 어디에나 있음을 절감했다. 트래펄가 광장으로 들어갔다. 라팔이 트래펄가 광장에 대한 설명을 시작했다. 역사적 내용은 완벽하게 제거되었다. 대신 광장 분수대에 비누거품을 풀어 경찰에 끌려간 사람이 있었다는 얘기와 이 광장에선 가끔씩 단체 베개 싸움이 일어난다는 설명이 쏟아져 나왔다. 과연 배드보이다운 설명이었다. 거기에서 그칠 이들이 아니었다. 사진을 찍어 줄 테니 거대한 사자 상에 올라가보라고 했던 건 기본이었다. 손님 외엔 절대 앉지 말라는 카페테라스를 당당히 차지해댔다. 신호가 올 때면 아무 가게나 습격해 화장실을 점령하는 것도 잊지 않았다. 100걸음에 맥주 한 캔을 비워야 한다는 자신들의 철칙도 유지되고 있었음은 물론이다. 다섯 번째 맥주 캔이 비워질 때였다. 빅벤이 자신의 모습을 드러냈다. 자정을 가리키고 있었다. 우렁찬 종소리가 터져 나왔다. 집으로 돌아가는 지하철로 숨어들었다.

다시 만난 폴란드 배드보이즈, 라팔&마르친

다음 날, 런던에 기상이변이 일어났다. 하루 종일 단 한 방울의 비도 내리지 않았다. 걷기 딱 좋은 날씨였다. 때마침 마르친도 쉬는 날이었다. 겹경사를 맞은 듯했다. 마르친과 나는 템스 강을 따라 걷기 시작했다. 강 양쪽으로 신식 건물과 구식 건물이 늘어서 있었다. 구식 건물은 그만의 웅장함을 뽐냈다. 신식 건물은 자신만의 세련미를 자랑했다. 그 사이에 있는 공원과 다리는 묘한 조화를 이끌어냈다.

런던의 밤거리

템즈강에서 만난 고양이

하늘은 쏘다니는 비행기들로 어지러웠다. 좋은 광경이었다.

　더 좋은 게 있었다. 마르친과 나눴던 대화가 그러했다. "그나저나 이 여행은 왜 다니나?" 마르친이 수다의 포문을 열었다. 온갖 미사여구를 동원해 거창한 이유를 떠들어 줬다. 재미도, 의미도 없던 말뿐이었다. 마르친이 다시 입을 열었다. 자기도 얼마 후에 여행을 갈 예정이란다. 알래스카에서 칠레까지 히치하이킹으로 종주할 거란다. 역시나 보통 여행이 아니었다. 배드보이다운 포부였다. 반쯤 미친놈이다.

반쯤 미친 마르친이 앞장서고 있다

　"위험하지 않나?" 조심스레 물었다. 배드보이는 가소롭다는 듯 웃었다. 이내 자기만의 항변을 시작했다. 자기는 행복을 느낄 수 있는 길로 나아가는 게 중요하다고 생각한단다. 인생은 원래 불확실한 거니까. 그래서 두려움은 신경 쓰지 않는다고 한다. 다만, 하나를 선택

함으로서 포기해야 하는 것들은 미련 없이 버리는 게 중요한 것 같다고 했다. 그렇기에 그는 불확실함을 기꺼이 감수하려 한단다. 자기는 어쨌든 아메리카대륙 종단에 끌리기 때문이다. 폴란드 특수부대, 박물관 해설가, 레스토랑 매니저로 변신을 거듭하며 종잡을 수 없는 매력을 뽐내던 그다웠다. 맥주와 여자로 뒤섞인 겉모습 안엔 뭔지 모를 내공이 숨겨져 있었다. 그리스 소설, '그리스인 조르바'의 실제 인물 같았다.

3만보 정도 걸었다. 빅벤의 피뢰침 정도가 보였다. 벤치에 앉아 도시락을 해치웠다. 다시 1만보를 걸어갔다. 끝내 다리가 녹아내렸다. 선상 카페에 앉아 다리를 굳혀봤다. 영국 의사당이 보였다. 세계 최초, 의회제 민주주의라는 불확실한 발걸음을 뗐던 건물이었다. 그들이 뗐던 발걸음은 성과가 좋았던 것 같다. 노을에 비친 의회는 웅장함과 아름다움을 동시에 자랑했다. 그 앞은 셀 수 없이 많은 차와 사람들로 어지러웠다.

템스 강을 대횡단한 끝에 나타난 영국 의사당

하여간 뭔가 비싸 보인다

가격표 공격으로 멍든 몸을 이끌고 있었다. 제레미가 다음 행선지를 제시했다. 노팅힐 이었다. 지하철을 찾아보려 했다. 제레미는 걸어도 된다고 했다. 런던에 1년 동안 살았다던 그를 철썩 같이 믿어봤다. 그를 따라 걷기 시작했다. 그 거리는 다리가 긴 제레미에게나 가까운 거리였다.

노팅힐은 말 그대로 언덕이었다. 파란 가게들이 줄지어 서 있었다 (영화 '노팅힐' 주인공의 집과 그가 일하던 서점이 파란색이었기 때문이다). 관광객들은 천 번 정도 속은 후에야 영화 속 서점과 가장 유사한 짝퉁 가게를 찾아낼 수 있었다. 파란색으로 뒤덮인 언덕이었기에 어쩔 수 없는 일이었다. 그 속에서도 지조를 지키고 있는 가게는 존재했다. 스타벅스였다. 그곳만큼은 파랑 지옥에서도 초록색을 영롱하게 밝히고 있었다. 그래서였을까. 파랑으로 도배된 짝퉁 가게들 보단 초록

노팅힐 역. 곧바로 파랑 지옥이 시작됐다

영화 노팅힐의 배경이 되었던 파란대문 집

색 여신이 박힌 카페에 더 많은 사람들이 모여 있었다. 파랑 지옥 속에서도 자기만의 색을 지켜낸 대가인 듯했다. 영화 '노팅힐'의 내용이 떠올랐다. 주인공 윌리엄(휴 그랜트)은 초라한 서점에서 버텼다. 장사가 잘 안 되는데도 말이다. 그리고 얼마 후, 바로 그 서점에서 톱스타 애나(줄리아 로버츠)를 만나게 되었다.

다리는 녹아내렸다. 눈꺼풀은 흘러내렸다. 기차역 근처 카페에 눌러 앉았다. 제레미가 사우스햄프턴으로 돌아가야 했기 때문이다. 이런 저런 대화를 나눴다. 그런데 이놈, 한국에 또 온단다. 이번엔 아예 눌러 앉을 계획이었다. 직장은 물론이고 예쁜 한국인 아내를 맞이하고 싶단다. 직장까지 때려 쳐가며 매년 아시아를 여행하는 그다웠다. 과연 제레미는 서울 어디엔가 있을 애나를 만날 수 있을까.

제레미가 떠났다. 다시금 웨스트민스터 다리로 향했다. 빅벤을 배경으로 수많은 연인들이 서 있었다. 대부분 서로의 침을 맛보는 중이었다. 내 옆구리엔 카메라 가방만이 붙어있었다. 내가 남 연애까지 신경 쓸 처지는 아니었다.

파리 하여간 까다롭긴

파리에 갔던 이유는 간단했다. 2015년 1월, 캄보디아에서 만났던 프랑스 여자 때문이었다. 앙코르와트 근처 호스텔에 묵을 때였다. 힘겹게 모기를 물리치고 있었다. 방문이 열렸다. 여신 한 명이 들어왔다. 이름은 엘리, 24년 간 겪었던 첫 만남 중 가장 황홀한 순간이었다. 나는 그렇게 프랑스 여자에게 사족을 못 쓰게 되었다. 파리 여행을 오매불망 기원하기 시작했다. 프랑스의 수도, 파리엔 수많은 엘리가 있을 거라 믿었기 때문이다. 또 수많은 엘리가 살고 있을 파리는 얼마나 아름답겠나 싶었다.

소망은 이뤄졌다. 런던을 떠나 다시금 도버해협을 건넜다. 파리에 입성했다. 설렘으로 가득 찬 상태였다. 호스텔 방문을 열었다. 한글로 도배된 노트가 눈에 들어왔다. 한국인 대학생 S의 일기장이었다. S는 파리에서 5일간 머물렀단다. 그가 겪은 파리에 대해 물어봤다. 그런데 S, 상상과는 다른 파리를 쏟아냈다. 파리는 볼 게 많은 곳이지만 그에 못지않게 더러움과 치사함이 난무한다고 했다. 일단 영어를 할라 치면 온갖 증오의 시선이 느껴진단다(프랑스인들은 불어에 대한 자부심이 높다). 지하철에선 수시로 냄새가 나고 웨이터는 하나 같이 불친절 하다고 했다. 여기까지는 괜찮았다. 종종 들어왔던 말이었으니까. 그러나 S가 던진 마지막 말에는 좌절 할 수밖에 없었다.

"그런데 형, 파리에는 미인이 별로 없던데요?"

다시금 도버해협을 건넜다

반나절이 지났다. S의 말은 현실이 되어갔다. 평범한 골목길, 일렬로 늘어선 차들이 보였다. 하나 같이 박살난 범퍼를 자랑하고 있었다. 이유가 궁금했다. 지나가는 프랑스인들을 붙잡고 물어봤댔다. 대답은커녕 경멸 섞인 눈총이 돌아올 뿐이었다. 영어로 물어봤던 게 화근이었을 게다(나중에야 알았지만 프랑스인들은 남의 차 범퍼를 깨뜨리는 맛으로 주차를 한단다). 지하철도 만만치 않았다. 이상야릇한 냄새를 풍기기 일쑤였다. 열차 안(!)에서 스피커를 이용해 자기 음악취향을 전파하는 사람이 있을 정도였다. 여기서 끝이 아니었다. 제일 충격적이었던 건 따로 있었다. 거리로 나간 지 5분 만이었다. 많은 프랑스 여자들이 지나다녔다. 엘리가 프랑스에서 상위 0.1% 미녀였음을 깨닫게 됐다.

명소들만큼은 예상대로 예쁠 거라 믿어봤다. 먼저 몽마르트 언덕으로 향했다. 밀려드는 팔찌 강매꾼들을 몰아냈다. 푸니쿨라가 나타났다. 땅에 붙어 올라간다는 케이블카였다. 쳐다보지도 않았다.

백을 두둑이 챙겨든 관광객들로 가득했다. 샹젤리제 산 양말이라도 사볼까 싶었다. 쇼윈도로 다가갔다. 빛나는 가격표에 눈이 상해버렸다. 문을 열어 볼 엄두조차 나지 않았다. '세상에서 가장 예쁜 거리'라는 샹젤리제의 별명은 '세상에서 가장 비싼 거리'를 잘못 해석해서 붙여진 게 틀림없었다. 중간 골목으로 빠졌다. 영롱한 빛줄기 하나가 보였다. 흡사 UFO에서 내뿜는 빛 같았다. 에펠탑에서 쏴대는 빛이었다.

휘황찬란한 가격표를 뽐내던 샹젤리제 거리

에펠탑 앞에 위치한 광장으로 달려갔다. 그냥 잔디밭이었다. 분수랍시고 돌아가고 있는 건 서울시 양천구 목동에 있는 파리공원과 다를 바 없었다. 게다가 많은 한국인들이 모여 있었다. 그들과 묘한 눈싸움을 벌여댔다. 지쳐버렸다. 자리를 옮기자 싶었다. 센 강을 건너갔다. 야트막한 언덕에 위치한 광장이 나타났다. 무작정 벤치에 자리 잡았다. 때마침 정각을 알리는 시계소리가 들렸다. 에펠탑 조명이 깜빡이기 시작했다(에펠탑은 저녁이 되면 매 정각마다 발광을 떤다). 사방에서 탄성이 쏟아졌다. 나 역시 숨죽인 채 찬사를 내뱉었다. "확실히, 빵 껍질에만 갇혀있기엔 벅찬 광경이군."

기대이상이었다. 다음 정각까지 다시 기다려 보기로 했다. 광장에서 한 시간을 버텨야 했던 것이다. 주위에 내가 아는 이는 단 한 명도 없었다. 유일한 친구인 스마트폰은 꺼진지 오래였다. 센 강을 흘러 다니는 유람선도 볼 만큼 봤다. 도무지 할 게 없었다. 벤치로 돌아가 주저앉았다. 잡생각들이 튀어나오기 시작했다. 내 순진함에 웃음이 나왔다. 캄보디아에서 엘리 한 명만 봐놓고(그 외에 내가 아는 프랑스 여자는 에바그린, 소피마르소 정도가 있다) 모든 프랑스 여자가 여신일거라 생각했다니. 한심하기 짝이 없었다. 아무리 남자라지만 미녀 때문에 한 도시를 동경했다니. 기가 찼다.

문득 입대 전 내 모습이 생각났다. 그 시절, 내게 가장 어울리는 수식어는 '미친놈'이었다. '입대 전에 여자 천명은 만나야 한다.'는 사탄의 지령을 받은 나는 허구한 날 클럽을 기웃거렸다. 물론 말도 제대로 못 걸어 본채 첫차를 타는 날이 대부분이었다. 그러던 어느 날, 나를 가련하게 여긴 선배가 나타났다. 그는 나를 단련시키기 시작했다. 매일같이 혹독한 트레이닝을 받았다. 기어코 성과를 이루기에 이르렀다. 무려 세 명에 달하는 여성에게 전화번호를 얻었던 것이다. 물론 그 과정에서 300명에게 거절을 당했다.

에펠탑이 다시금 반짝거렸다. 여전히 감탄을 자아냈다. 그 광경을 보고 있자니 파리는 참으로 까다로운 도시 같았다. 급경사와 호객꾼을 선사한 몽마르트 언덕이었다. 그러나 정상에서 만큼은 드넓은 파리 전경을 선사했다. 샹송은 무슨, 경적소리와 칼날 같은 가격표로만 가득 찼던 샹젤리제였다. 그렇지만 숨겨진 예쁜 골목을 소개해주기도 했다. 에펠 탑도 마찬가지다. 비록 한 시간이나 기다리게 했지만 더 이상 빵 껍질을 떠올리지 못하게 했다. 대신 놀라운 야경을 던져줬다. 파리가 아름다운 도시긴 한가 보다. 시종일관 까다롭게 밀어대다가 아주 가끔씩 자기 모습을 드러내는 것이 미인, 아니 아름다운 모든 존재들의 속성이지 않은가.

UFO를 흉내 내던 에펠탑

다음 날 아침이 밝았다. 루브르에 가려고 했던 날이었다. 과연 그게 가능할까 싶었다. 예상보다 훨씬 늦게 눈을 떴기 때문이다. 급하게 계획을 변경했다. 오르세 미술관으로 갔다. 루브르보다는 줄이 짧다는 얘기를 들었던 터였다. 그러나 오르세 미술관 역시 줄이 길긴 마찬가지였다. 두 시간이 지나서야 안으로 들어갈 수 있었다. 과거 기차역이었던 곳을 개조했다는 오르세의 이력을 확인할 틈은 없었다. 여유부리다가는 줄만 서다 끝나버릴 가능성이 컸다. 암스테르담에서도, 뮌헨에서도 놓쳐버린 고흐를 향해 달려갔다.

어두운 방으로 들어갔다. 마침내 고흐가 나타났다. 왠지 모를 불균형을 내뿜는 그의 그림이었다. 그래도 색감만큼은 아름다웠다. 타의 추종을 불허하는 듯했다. 턱을 내빼며 구경하고 있을 때였다. 백인 누나 한 명이 말을 걸어왔다. 자기 핸드폰을 내밀었다. 고흐 초상화 옆에 선 자신의 모습을 찍어 달라 했다.

세 번 연속으로 셔터를 눌러줬다. 옆에서 누군가 화를 내기 시작했다. 멀끔하게 생긴 프랑스 아저씨였다. 한 번만 찍으면 될 걸 왜 세 번씩이나 찍느냐고 성을 냈다. 황당했다. 셔터 하나 누르는 데는 2초도 안 걸리지 않는가. 세 번이라 해봤자 6초였다. 사진을 부탁했던 누나는 핸드폰을 챙기자마자 도망갔다. 아저씨는 온갖 짜증을 부리며 방을 나갔다. 싸한 시선이 내게 꽂혔다. 고흐 초상화를 바라봤

마침내 고흐를 만났던 오르세 미술관

다. 여전히 아름다운 색채였다. 하여간 파리는 더럽게 아름다웠다.

한국인들이 많았다. 한국어로 욕하기도 애매했다. 분을 삭이며 방을 나왔다. 거친 질감이 느껴지는 조각상이 나왔다. 괴팍함에 있어서 둘째가라면 서러울 로댕의 작품이었다. 짜증이 폭발한 상태이어서 그랬을까. 로댕의 거친 질감이 거북스러웠다. 지하로 내려갔다. 그곳에 마련된 매춘 작품전으로 들어갔다. 여성의 나체가 사방에서 밀려들었다. 그림은 그나마 덜 했다. 영상 작품 앞에선 뜨거움이 솟구쳤다. 짜증으로 가득 찼던 마음이 녹아내리는 듯했다.

파리의 까칠함에 두들겨 맞던 나였다. 최하의 기대치를 지닌 채 마지막 날을 맞이했다. 베르사유 궁전으로 향했다. 기차 안에서 30분간 갇혀 있었다. 궁 입구에 도착했다. 태양왕이라 불리던 절대왕권의 기운 때문이었을까. 구름 한 점 보이지 않았다. 역시나 줄은 길었다. 한 시간 만에야 안으로 들어갈 수 있었다. 상트페테르부르크에서 봤던 여름궁전은 아무것도 아니었다. 웅장함 그 자체였다. 벽면은 빈 공간을 허락하지 않았다. 그림으로 가득 차 있었다. 주위에 놓인 의자는 죄다 금박이었다. 2층으로 올라갔다. 베르사유 궁전의 메인 '거울의 방'이 나타났다. 할 말을 잃었다. 사방을 가득 채운 거울들은 햇빛을 반사시켰다. 촘촘히 매달린 샹들리에는 한껏 발광해 댔다.

거울의 방으로 가기 위해서는 여러 방을 지나쳐야 했다. 궁금한 게 생겼다. 각 방은 테마를 잡고 있었다. 각기 다른 그리스로마 신들이 그려져 있었다. 헤라클레스는 물론 전쟁의 신 아레스까지 다양했다. 왜 이런 콘셉트를 잡았는지 의아했다. 의문은 거울의 방에서 풀렸다. 거울의 방 천장을 쳐다 볼 때였다. 이전 방들에서 보이던 그리

베르사유 거울의 방

스로마 신화 그림들이 그대로 박혀 있었다. 다만 이전의 것들과는 다른 게 있었다. 신의 얼굴이 있어야 할 자리가 죄다 루이 14세 얼굴로 도배되어 있었다. 과연 태양왕다운 발상이었다. 신격화의 극치였다. 이걸 시킨 놈도, 실행한 놈도 대단하다 싶었다. 물론 루이 14세에게 신의 모습이 아예 없던 건 아니었다. 그의 초상화를 바라봤다. 롱 스타킹에 감싸져 있는 그의 다리가 보였다. 웬만한 여신 뺨을 칠 정도로 가늘고 긴 다리였다.

다리만큼은 여신이다

정원으로 나왔다. 상트페테르부르크 여름궁전 정원보다 열배는 거대했다. 한 가운데는 호수가 관통하고 있었다. 크루즈 한 대가 들어와도 될 만큼 광대했다. 옆으로 늘어선 나무들은 숲에 가까웠다. 숲속으로 들어갔다. 한참을 걸었다. 루이16세의 부인, 앙투아네트의 궁전이 나왔다. 시골 마을을 흉내 낸 오두막들도 보였다. 당시 프랑

무지막지하게 넓은 베르사유 정원

스 귀족 사이에서는 농사꾼 코스프레가 유행했기 때문이란다. 광활한 정원과 황금으로 도배된 궁에 살면서 오두막까지 지었던 것이다. 기가 막힐 뿐이었다. 간간히 서민 흉내 내는 건 무능한 왕들의 특기인가 싶었다. 마리 앙투아네트와 루이 16세는 단두대에서 생을 마감했다.

베르사유 농업지 코스프레

베르사유를 마지막으로 파리에서의 일정이 끝났다. 정확히 말하자면 드디어 프랑스를 뜰 시간이 다가왔다. 오랜만에 공항으로 향했다. 오를리 공항, 서울로 치면 김포공항 같은 곳이었다. 그런데 이곳, 정말 아무것도 없었다. 24시간 운영되는 맥도날드는 역시나 없었다. 편의점조차 보이지 않았다. 그것도 몰랐던 나는 새벽 일찍 도착해버렸다. 다섯 시간 동안 쫄쫄 굶어야 했다. 50일 만에 공항에 온 것 치고는 가혹한 환경이었다(나는 블라디보스토크부터 파리까지 비행기를 타지 않고 왔다). 파리와 나 사이엔 정말 이유 모를 불협화음이 있는 게 아닌가 싶었다. 빨리 뜨는 게 답일 수 있겠다는 생각이 솟구쳤다.

다음 목적지는 이탈리아였다. 그 나라는 까칠하기만 한 파리와는 차원이 다르다고 했다. 소매치기가 난무한단다. 소매치기의 발상지가 이탈리아일지도 모른다고 한다. 갈수록 태산이었다. 도무지 쉴 틈이 없었다.

🧳 밀라노 & 피렌체 탐스런 꼭대기

　결국 공항에서 한 숨도 자지 못했다. 비행기에 올랐다. 창공으로 솟아오르는 전율이 느껴졌다. 잠시 눈을 감았다 떴다. 어느새 비행기는 땅에 붙어 있었다. 말 그대로 눈 깜빡할 새에 밀라노에 도착했던 것이다. 오랜만에 탄 비행기였건만, 허망함이 밀려왔다. 도심으로 향하는 기차에 몸을 맡겼다. 30분이 지나자 밀라노 중앙역에 떨어졌다. 세계 패션의 중심지다웠다. 모델 포스를 풍기는 사람들이 많았다. 기차 창문에 비친 내 모습을 바라봤다. 이곳과는 어울리지 않는 몰골이었다.

　비행기에서 청했던 쪽잠이 성에 차지 않았나 보다. 숙소에 도착한 나는 하염없이 늘어졌다. 해가 다 넘어가고 나서야 정신을 차릴 수 있었다. 배가 고팠다. 마트로 달려갔다. 간단한 저녁거리를 샀다. 숙소에 마련된 주방으로 가봤다. 가스레인지가 존재하지 않았다. 쌀 무더기를 전자레인지에 쑤셔 넣었다. 혼신의 힘을 다해 쌀을 데워봤다. 소용없었다. 씹히는 건 생쌀이었다.

　나만 그런 게 아니었다. 비슷한 처지에 놓인 아저씨가 있었다. 일본인 아저씨 히로였다. 서로가 마련한 생쌀을 나눠 먹으며 수다의 포문을 열었다. 그런데 이 아저씨, 상당히 특이한 경력을 가지고 있었다. 원래는 뉴욕에서 기자로 일했는데 집안 사정으로 귀국해야 했단다. 막상 돌아오니 뭘 해야 할지 갈피가 잡히지 않았다고 한다. 단순한 돈벌이보단 창조적인 일을 하고팠기 때문이다. 그때 그에게 눈에 띈 것이 있었다. 고향 특산물인 딸기였다. 그렇게 그는 딸기 농부가 되었다. 이왕 시작한 것, 제대로 해보자 싶었단다. 그래서 택한 게 유럽행이었다. 유럽의 선진 농업을 직접 배워보기 위해서였다. 딸기를 제대로 길러보고자 해외 농장까지 뒤지다니. 일본인 특유의 장인정신이 느껴졌다. 쓰레기통에 처박힌 생쌀들이 눈에 밟혔다.

다음 날, 히로에게 작별인사를 날렸다. 호스텔을 옮기기 위해서였다. 금방 새로운 숙소에 도착했다. 그곳엔 주방이란 개념 자체가 존재하지 않았다. 가스레인지가 없다는 이유로 숙소를 옮긴 나로서는 당황스러울 뿐이었다. 어쩔 수 있겠나. 빨리 결제나 하자 싶었다. 카드를 내밀었다. 단말기가 고장 난지 오래라는 대답이 돌아왔다. 지갑을 탈탈 털어 현금을 내 놓았다. 이번엔 도시 세금과 이불 값은 따로 내야 한다는 말이 날아들었다. 추가 요금을 요구했던 것이다. 이탈리아도 파리 못지않게 까다롭단 느낌이 밀려왔다.

최후의 만찬이 있다던, 한 때는 마구간이었다던, 산타마리아 델레 그라치아 성당

산타마리아 델레 그라치아 성당을 향해 걸어갔다. 다 빈치의 역작, 최후의 만찬이 그려져 있는 성당이었다. 성당 앞에 섰다. 예상과 달리 한산했다. 비수기에 오길 잘 했단 생각이 들었다. 매표소로 들어갔다. 직원이 무미건조한 표정을 지었다. 표가 다 팔렸단다. 그럼 그렇지, 내일 표를 달라고 했다. 'No!'가 돌아왔다. 뭐라고? 알고 보니 최후의 만찬을 보려면 2주 전에는 예약을 해야 한단다. 몇 세기 전까지만 해도 마구간으로 쓰였다는 방 치고는 까다로운 절차였다. 허무함이 밀려왔다. 동시에 준비성 없는 내 자신이 부끄러워졌다.

하릴 없이 거리를 걷기 시작했다. 예쁘긴 하나 신선하진 않은 풍경이 펼쳐졌다. 늘 그렇듯 덜컹거리는 트램 전선은 도시 하늘을 쪼개고 있었다. 벽돌이 촘촘히 박힌 도로는 올드카에 의해 마모되고 있었다. 꼴에 유럽 온지 50일이 지났다고 지겨움을 느꼈나 보다. 물론 신선했던 게 아예 없진 않았다. 골목에 앉은 거지와 눈이 마주쳤을 때였다. '이탈리아 남자는 거지마저도 잘 생겼다'는 말은 순 거짓이었음을 깨닫게 되었다.

밀라노 트램 전선

투덜거림이 절정을 이룰 때쯤, 밀라노 대성당이 나타났다. 듣던 대로 예뻤다. 건물은 죄다 하얀 대리석으로 이뤄져 있었다. 지붕 끝은 하나 같이 하늘로 치솟은 모양이었다. 나폴레옹이 이탈리아 황제 등극 장소로 점찍었던 성당다웠다. 출입구는 군인들이 지키고 있었다. 몇몇은 총까지 들고 있었다. 총 든 군인이 검표를 하는 성당이라니. 유럽에 과연 종교적 기능을 유지하고 있는 대성당이 있는 건지 의심스러웠다.

비토리오 에마누엘레 2세 갤러리아 백화점(좌)과 밀라노 두오모(우)

성당 앞 광장을 쏘다녀 봤다. 수많은 인파가 모여 있었다. 호객꾼과 관광객이 뒤섞인 상태였다. 겨우 발을 디딜 수 있었다. 바닥엔 사람 수의 두 배는 넘을 비둘기 때가 바글거렸다. 외려 비둘기가 사람들을 거슬려 할 정도였다. 비둘기들은 수시로 사람들의 발목을 쳐댔다. 그럴 때마다 비둘기가 보여준 반응은 놀라웠다. 도망가기는커녕 '뭘 봐? 안 비켜?'라며 뒤뚱뒤뚱 거려댔기 때문이다.

사람의 영역으로 넘어가고 싶었다. 광장 옆에 있는 비토리오 에마누엘레 2세 갤러리아로 넘어갔다. 한 마디로 백화점에 갔던 것이다. 전 세계 쇼퍼홀릭의 성지다웠다. 높고 거대한 아치 아래에는 온 세상에서 몰려든 명품들이 도열해 있었다. 카페마저도 명품 브랜드가 직접 운영하고 있을 정도였다(구찌 아메리카노 한 잔 주세요!). 밀라노는 가난한 배낭여행자가 있을 곳은 아닌 것 같았다.

숙소로 돌아갔다. 미리 예약한 버스표를 인쇄해야 했다. 카운터 직원에게 갔다. 인쇄하는 대가로 돈을 내야 한단다. 예상했던 일이었다. 동전을 쥐어줬다. 근데 이놈, 갑자기 안 되겠단다. 이유는 간단 황당했다. 지금은 자야할 시간이라 인쇄할 수 없다는 것이었다. 이런 패기 넘치는 야간 아르바이트생이 있다니. 그때 생각했다. "밀라노, 여기도 빨리 떠야겠구나."

이탈리아 남부로 치닫는 버스에 몸을 맡겼다. 피렌체에 도착했다. 피렌체는 밀라노와 달랐다. 확연한 관광도시였다. 모델 포스를 뿜내는 사람들은 없었다. 시내 곳곳엔 환전소가 보였고 골목에는 중국인과 한국인이 심심치 않게 눈에 띄었다. 그들 사이로는 구불대는 골목이 도열해 있었다. 르네상스 느낌을 풍겨대는 건물도 많았다. 그 속에 던져진 나는 스마트폰에게 절대적으로 의지해야 했다. 그러나 지도가 가리키던 호스텔은 어디에도 보이지 않았다. 주변 골목을 돌아다녀봤자 마찬가지였다. 예약했던 곳이 망했을 수도 있다는 생각이 들 정도였다. 지푸라기라도 잡자는 마음에 대문 앞을 살펴봤다. 손톱 만하게 새겨진 호스텔 이름이 눈에 들어왔다. 직경 5cm에 달하는 간판이라니, 기가 막혔다. 계단을 올랐다. 허망할 정도로 넓은 방이 나타났다. 침대에 누어봤다. 천장은 베르사유 궁전에서나 볼

밀라노 백화점-비토리오 에마누엘레 2세 갤러리아

법한 꽃무늬를 머금고 있었다. 과거 미켈란젤로의 작업실이었다고 해도 손색이 없었다. 도시 전체가 세계문화유산으로 지정되는 건 여간 쉬운 일이 아닌가 보다.

피렌체에서 묵은 호스텔. 무슨 중세시대인 줄 알았다

간단히 저녁을 해결한 후 거리로 나갔다. 과거의 향기가 격해져만 갔다. 영화에서나 보던 올드카가 지나다니는 건 물론이었다. 마차 끄는 말은 길 한 가운데서 노상방뇨를 즐기기 일쑤였다(소리만 들었을 땐 물청소차가 지나가는 줄 알았다!). 게다가 그날은 할로윈 데이였다. 많은 이들이 망토를 걸친 채 길거리를 배회하고 있었다. 올드카와 노상방 뇨를 즐기는 말로도 모자라 망토를 걸친 사람들이라니. 지나가는 벤 츠엔 과거 피렌체를 호령하던 메디치 가문 사람들이 타고 있을 것만 같았다. 다시 발걸음을 옮겼다. 피렌체의 야경 포인트, 미켈란젤로 언덕이 나타났다. 힘겹게 언덕으로 올라갔다.

"여기가 미켈란젤로 언덕입니다! 다비드의 자랑스러운 그것(?)이 보이시죠?" 언덕에 오르자마자 들려왔던 한국말이다. 화려한 옷차 림을 뽐내며 몰려다니는 한국 관광객들이었다. 그들과 달리 나는 추 레하다 못해 남루했다. 뒷걸음질 치기 바빴다. 그러다 언덕에 위치 한 짝퉁 다비드 상에 다다랐다(피렌체엔 수많은 짝퉁 다비드 상이 있다). 두오 모 성당을 필두로 피렌체 야경이 펼쳐졌다. 로맨스 소설, '냉정과 열 정사이'의 배경이 될 만한 자태였다. 그러나 나는 그 소설을 읽지 않 았다. 내겐 다른 작품이 그려졌다. 생화학 기술로 인류를 말살 시키 려는 악당을 쫓는 작품이었다. 다빈치 코드의 저자 댄 브라운의 소 설 '인페르노'가 그것이었다. 이 소설에서도 피렌체가 등장했기 때 문이다. 물론 두오모를 보고 스릴러를 떠올리는 건 다소 변태적일 수도 있겠다. 그러나 까만 하늘 아래 탐스럽게 솟은 붉은 돔은 생화 학 탄을 살포하기에 매우 적절해 보였다.

다음 날, 소설 '인페르노'의 주인공인 랭던 교수를 따라 걸어봤다. 랭던 교수는 피렌체에서 단테의 발자취를 밟았다. 악당들이 단테의

미켈란젤로 언덕에 있던 짝퉁 다비드상

피렌체 베키오 다리 거리

'신곡'을 암호로 사용했기 때문이다. 먼저 베키오 다리로 향했다. 다리 위에 과거 포목점이었다던 자리는 명품 가게로 뒤바뀌어 있었다. 소설 속 랭던 교수를 위협하던 킬러는 보이지 않았다. 다만, 인파 속에 숨어있을 소매치기단이 느껴질 뿐이었다.

어쨌든 탐스러웠던 피렌체 두오모

다리를 건넜다. 계속해서 랭던 교수를 따랐다. 단테 거리로 향했다. 웅성대는 사람들 사이로 단테의 짝사랑, 베아트리체가 묻혀 있는 교회가 나왔다. 교회의 겉모습은 초라하기 짝이 없었다. 짝사랑의 성지다운 모습이었다. 단테는 이 교회에서 베아트리체를 봤는데, 보자마자 사랑에 빠졌다고 한다. 그러나 베아트리체는 단테에게 눈길 한 번 주지 않았다. 때마침 일요일이었다. 교회의 문은 관광객에게 닫혀 있었다. 단테 교회만의 초라함이 짙어지는 것 같았다. 다시금 랭던의 발자취를 따라갔다. 골목 위로 뭔지 모를 웅장함이 풍겨져 나왔다. 두오모 성당이 그 모습을 드러내고 있었다.

피렌체 두오모는 여느 성당과는 달랐다. 완벽히 다른 매력이었다. 뾰족한 첨탑은 찾아 볼 수 없었다. 흰색, 초록색, 붉은색이 묘하게 섞인 대리석 외벽이 그 자리를 대신했다. 그러한 기괴함을 한참 찍어댔다. 인파를 따라 쿠폴라(돔)로 올라갔다. 입장료로 2만 원이나 받으면 엘리베이터 하나는 설치해야 하는 것 아니냐며 푸념을 해댔다. 베이스캠프가 나타났다. 돔 밑면에 그려진 벽화, 최후의 심판을 볼 수 있는 곳이었다. 벽화는 천국과 지옥을 묘사하고 있었다. 지옥부분에 그려진 사탄은 사람의 머리를 뜯어대는 중이었다. 먹어야 할 사람이 워낙 많았나 보다. 팔이 여섯 개나 되었다. 사탄과 눈이 마주쳤다. 서둘러 남은 계단으로 도망쳤다. 숨이 멎으려던 순간, 정상을 마주했다. 숨 막히는 피렌체 전경이 펼쳐졌다. 확실히 스릴러보다는 로맨스가 떠올려지는 광경이었다.

두오모 성당 최후의심판 벽화

원래 이런 말 잘 안하는데, 피렌체 두오모에서 본 광경은 정말 놀라웠다

그래서였을까. 스릴러의 제왕 댄 브라운은 두오모 대신 옆에 위치한 성 조반니 세례당을 선택했다. 단테 교회를 빠져나온 랭던 교수는 곧장 세례당으로 향했기 때문이다. 다시 계단을 내려왔다. 내려가는 데도 숨이 찼다. 결코 사람을 위해 지은 건축물이 아니었음을 확신하게 되었다. 세례당으로 이동했다. 고개를 들어봤다. 천장엔 또 다른 최후의 심판 벽화가 새겨져 있었다. 그 속의 사탄 또한 사람을 씹어댔다. 과연 단테가 세례를 받을 만한 곳이었다. 단테는 그의 작품 '신곡'에서 지옥의 모습을 제대로 상상했다고 하지 않는가. 그나저나 이탈리아는 각 도시의 대성당 마다 세례당을 따로 지었다고 한다. 논산 훈련소에서 과자박스를 염원하며 세례를 받았던 내겐 과분한 곳이었다. 슬며시 뒷문을 열어야 했다.

피렌체에서 볼일을 마친 랭던 교수는 베네치아로 향했다. 그러나 나는 베네치아로 갈 예정이 없었다. 게다가 피렌체에서의 하루가 더 남아있었다. 숙소로 발걸음을 돌렸다. 다시금 단테 거리를 빠져나갈 때였다. 거대한 동상 하나가 나타났다. 베키오 궁 앞에 서 있는 헤라클레스 동상이었다.

개인적으로 가이드북보다 여러 사람이 올린 정보가 녹아있는 인터넷 백과 '나무위키'(한국판 위키피디아)를 좋아한다. 거친 표현이 많긴 하지만 너무나도 공감 가는 설명이 많기 때문이다. '기가 막힌 위치 선정 덕에 유명하지 못한 궁.' 나무위키에서 찾은 베키오 궁에 대한 설명이었다. 완벽한 묘사였다. 베키오 궁은 그만의 웅장함을 갖추고 있다. 현재까지도 피렌체 시청사로 사용될 정도였다. 그러나 위치가 문제였다. 베키오 궁은 두오모 성당과 우피치 미술관 사이에 위치해 있었다. 그 결과 철저히 소외되기 일쑤였다. 들어오지 않으면 죽여

피렌체 두오모. 이런 기괴함을 이길 건축물은 별로 없을 게다

버리겠다는 듯 서 있는 헤라클레스 상도 소용없었다. 바글거리는 두오모와 우피치 미술관과는 달리 베키오 궁 입구는 한산하기만 했다. 궁 앞에서 앉아 있던 기타리스트 아저씨가 더 돋보일 정도였다.

　피렌체 두오모는 본래 뾰죽한 첨탑으로 둘러진 성당이 될 운명이었다고 한다. 당시 유럽 건축계에서 유행하던 고딕양식 때문이었다. 그러나 건설기간 중간에 유행이 바뀌어버렸다. 설계도는 급하게 수정되었다. 그 결과 기괴한 형태의 두오모 성당이 탄생했다. 유럽 어디에서도 볼 수 없는 독특한 성당이 된 것이다. 베키오 궁은 달랐다. 이 궁은 권력자가 자신의 힘을 과시하기 위해(물론 두오모 성당도 그랬지만) 당시 유행을 그대로 구현해 지었다. 따라서 거대하지만 독특함은 지니지 못했다. 그래서일까. 현재 두오모 앞은 사람들로 넘치고 베키오 궁은 다소 한산했다. 이런걸 보면 느껴지는 게 있다. 최신 유행을 쫓기만 하는 것보다는 특이하더라도 자기만의 스타일을 지켜나가는 게 중요한 게 아니냐는 것. 처음에는 특이했던 것이 나중에는 주목 받는 독특함으로 변할 수도 있으니 말이다. 철 지난 대량생산품은 고물이 되고 세월을 머금은 핸드메이드는 골동품이 되지 않는가.

그날 밤, 정신병자 살인마로 몰려 세차장에 갇혀 죽을 뻔했다. 물론 꿈속에서 일어난 일이었다. 르네상스시대 예술 작업실 같은 숙소에 어울리는 꿈이었다. 그 덕에 늦잠을 자버렸다. 우피치 미술관은 이미 만원이었다. 돌아섰다. 피렌체 골목을 쏘다녀봤다. 전날 밤, 호스텔에서 만난 전주 출신 형님 Z가 해준 말을 곱씹으면서 말이다. Z에게 내 여행기가 갈수록 망가지고 있다는 푸념을 늘어놨다. Z는 짧은 조언을 날려줬다.

"베끼지 말고, 남 신경 쓰지 말고, 네가 느낀 그대로를 쓰면 되지."

공원 벤치에 앉아 쉬었다. 저 멀리 백발의 이탈리아 할아버지가 보였다. 자세히 보니 20대 여자에게 작업 멘트를 날리고 있었다. 주위 시선 따위는 신경 안 쓰는 눈치였다. 역시, 남을 의식하지 않는 게 중요했다.

베키오 궁

🧳 로마 하여간 이태리남자는

아침 일찍 로마에 도착했다. 사람 하나 보이지 않는 길을 헤쳐 숙소를 찾아냈다. 가정집을 호스텔로 박박 우기고 있는 모양새였다. 30분만 자자며 눈을 감았다. 눈을 떴다. 웬걸, 창밖에는 이미 밤이 시작되고 있었다. 로마에서의 첫날을 이렇게 날릴 수는 없었다. 주인아저씨가 쥐어준 지도를 챙겨 들었다. 트레비 분수나 보러 가자 싶었다.

분수'나' 보러 온 것치곤 운이 좋았다. 그날은 1년 넘게 공사 중이던 트레비 분수가 재개장 하는 날이었기 때문이다. 내가 도착한 시점은 재개장 5분 전이었다. 분수대 앞은 눈물을 흘리며 연장근무 중인 방송사 리포터들이 점령한 상태였다(6시 넘어서까지 일해 본 유럽인이 얼마나 있겠는가!). 뒤로는 동전을 쥔 사람들 1만 명이 분수를 노려보고 있었다. 분수 앞을 막고 있던 펜스가 열렸다. 물속으로 1초 만에 1억 원이 송금되었다. 분수 위에 서 있는 제우스 얼굴이 밝아지기 시작했다.

가이드북은 어디까지가 맞고 어디까지가 틀린 건지 모르겠다. 다음 날, 콜로세움에 도착했을 때였다. 분명 책에는 보수공사로 인해 2016년까지 입장이 불가하다고 쓰여 있었다. 실상은 부분적으로만 공사가 이뤄지고 있을 뿐이었다. 매표소는 버젓이 운영 중 이었다. 콜로세움에 갈지 말지 고민했던 게 민망해질 정도였다. 하긴, 남은 거라곤 유적지 밖에 없음을 깨달은 이탈리아다. 그런 그들이 콜로세

트레비 분수. 제우스는 동전 무더기를 바라보고 있었다

움이라는 훌륭한 수입원을 포기할리 만무하다.

콜로세움은 학생에게조차(비유럽권 학생) 악착 같이 표 값을 뜯어냈다. 돈을 지불했다. 헐렁대는 지갑을 느끼며 입구로 들어섰다. 허접한 전시물들이 나타났다. 꼼꼼히 살펴봤다. 명색이 콜로세움이니까. 금세 한계가 찾아왔다. 이곳까지 왔건만 경기장에서 발견됐다는 돼지 다리뼈를 보기엔 시간이 아까웠다. 늑대 두개골에게 짧은 애도를 표했다. 경기장으로 들어갔다. TV에서 보던 광경이 펼쳐졌다.

콜로세움. 이곳에선 실로 대단한 경기들이 열렸다고 한다. 경기는 오전에 시작돼 오후 늦게 막을 내렸다. 진행 방식은 간단했다. 오전에는 동물들을 공개 도축했다. 그렇게 일찍 나오느라 고생했을 관중들의 피로를 덜어주었다. 도축이 지루해질 쯤, 점심시간이 됐다. 그땐 사형수 몇 명을 죽이며 배가 고팠을 관중들의 입맛을 돋궈줬다(그를 위해 매우 다양한 방식으로 처형했다고 한다). 관중들의 흥미와 배가 부풀어 오를 때쯤, 오후가 다가왔다. 검투사들은 그제야 모습을 드러냈다. 잠시 후, 혈투가 시작됐다. 반나절 동안 참아온 광기가 경기장으로 쏠렸다. 로마인들은 단단히 미쳤던 게 틀림없다. 그런 경기를 생각해냈다는 것도 당황스럽지만 그를 위해 지었다는 콜로세움은 필요 이상으로 웅장하고 멋지지 않은가.

물론 로마인만 미친 건 아닌 것 같다. 날 잡고 하루 종일 TV를 본다 생각해보자. 채널을 돌리다 보면 꼭 한 명 정도는 죽어가고 있다. 운이 좋은 날엔 백 명 정도 죽어나가는 걸 볼 수 있다. 살육의 방법은 실로 다양하다. 총과 칼은 별 것 아니다. 이따금씩 기상천외한 살인 도구들이 등장한다. 콜로세움에서 벌어진 일은 껌일 정도다. 영화 가지고 뭘 그러느냐고? 이 정도는 뉴스에서도 충분히 볼 수 있는 것 아니던가! 그런 영상을 담기엔 우리 집 TV는 과도하게 비싸고 매끈하다.

콜로세움을 나왔다. 미리 사둔 샌드위치를 먹으며 여유를 부렸다. 1시간 정도 지났을까. 콜로세움 옆으로 이동했다. 고대 로마의 정치·경제 중심지, 포로 로마노였다. 입구에 다다랐다. 들어갈 수 없단다. 세상에나. 오후 3시 반에 문을 닫는 유적지가 있다니. 콜로세움 표 값에는 포로 로마노 관람이 포함되어 있는 상황이었다. 과연 유적지 깡패 이탈리아다웠다. 욕 짓거리를 퍼부어봤다. 그래도 할 수 있는 건 없었다. 펜스를 돌며 구경하는 걸로 위안삼아야 했다.

쇠창살 너머로 포로 로마노가 보였다. 건물들이 잔디밭 군데군데 박혀 있었다. 성한 건물은 드물었다. 기둥이 성하면 지붕이 없었다. 계단이 있으면 건물이 보이지 않았다. 그래도 오랜 세월이 흘렀음을

용도에 비해 과도하게 웅장했던 콜로세움

콜로세움에서 발견된 동물 뼈

감안해본다면 보존상태가 최상이긴 했다. 저걸 어떻게 보존했을까 싶을 정도였다. 아무리 폐허라지만 이곳이 한때 로마의 여의도였단 느낌을 받을 수 있었기 때문이다. 그러나 가장 흥미로웠던 건 따로 있었다. 포로 로마노가 콜로세움 바로 옆에 위치했다는 게 그것이었다. 광란의 살상 스포츠와 정치·경제 중심지가 붙어 있었다니. 고대 로마 정치인들은 그들 스스로가 스포츠를 즐겼던 건지, 아니면 대중이 스포츠에 열광하는 걸 좋아했던 건지, 나는 알 수 없었다. 하늘을 바라봤다. 포로 로마노 위에는 새떼들이 수시로 방향을 바꾸며 몰려다니고 있었다.

다음 날 세상에서 가장 작은 나라, 바티칸 시국으로 향했다. 그들은 자비로웠다. (당연한 거지만) 여권 검사는 존재하지 않았다. 입장료조차도 없었다. 몇몇 포인트에서만 돈을 받을 뿐이었다. 게다가 화장실마저도 공짜였다. 자비로움을 만끽하며 볼일을 마쳤다. 내부로 들어갔다. 여태껏 봤던 성당 중 가장 거대한 성당이었다. 사방이 금으로 도배되어 있었다. 그 사이로 미켈란젤로의 역작, 피에타 상과 역대 교황을 형상화한 조각상들이 늘어서 있었다. 성당의 본래 기능에 맞게 작은 예배당도 존재했다. 오직 예배만을 위한 공간이었다. 사진촬영조차 금지됐다. 저려오는 다리도 쉴 겸, 예배당 안으로 들어가 봤다.

조용했다. 황금으로 조각된 천사들이 예수를 올려다보고 있었다. 적당한 곳에 자리를 잡았다. 재수하는 동생이 수능을 잘 치르게 해달라는 기도를 했다. 김치는 바라지도 않으니 매운 피클이라도 선사해 달라는 소망 또한 빼먹지 않았다. 기도를 마쳤다. 수없이 오가는 사람들이 보였다. 무릎을 꿇거나 의자에 앉아 기도 중이었다. 무얼

보르게세 공원에서 바라본 로마. 저 멀리 바티칸 성당이 보인다

CHAPTER 3
발칸반도

☐ 부다페스트 다리에 몰빵

이탈리아를 벗어날 때도 비행기를 이용했다. 로마공항에서 헝가리 부다페스트로 향하는 비행기에 몸을 실었다. 1시간 후, 비행기가 땅에 닿았다. 부다페스트 공항은 앙증맞았다. 아무 생각 없이 사람들을 따라갔다. 어쩌다보니 공항 밖으로 나와 버렸다. 이럴 수가! 짐으로 부쳤던 내 배낭을 놓고 나왔던 것이다. 피가 거꾸로 솟았다. 인포메이션 데스크로 내달리기 시작했다.

어느 나라든 행정절차는 복잡했다. 네 차례에 걸쳐 사무실을 옮겨다녔다. 한심하다는 말을 100번째쯤 들을 때였다. 그제야 안으로 들어갈 수 있었다. 컨베이어 벨트는 가정집 식탁만 했다. 내 배낭은 처량하게 누워 있었다. 직원에게 'thank you'를 연발했다. 배낭을 챙겨 들었다. 그 순간, 군견 한 마리가 주위를 맴돌기 시작했다. 이내 배낭을 향해 킁킁댔다. 무장 경찰과 눈이 마주쳤다. 군견 주인이었다. 배낭 속 모든 내용물을 쏟아내야 했다. 내 배낭은 결백했음이 확인됐다. 군견을 흥분시켰던 건 배낭에 넣어둔 샌드위치였기 때문이다. 놀란 가슴을 쓸어내릴 수 있었다.

화려한 신고식을 마쳤다. 공항버스에 몸을 맡겼다. 다시 한 번 사고가 터졌다. 대형 사고였다. 버스에서 내려 주머니를 뒤질 때였다. 핸드폰이 보이지 않았다. 설마 했으나 정말로 없었다. 당장 아무 버스나 잡아탔다. 분실물 센터가 있느냐고 물었다. 아저씨 어깨가 두 번 오르락내리락 했다. 그렇게 핸드폰을 떠나보냈다. 망했구나 싶

핸드폰을 잃어버렸다. 망했구나 싶었다

었다.

한동안 멍하니 서 있었다. 치솟던 분노가 점차 사그라졌다. 자아 성찰 시간을 갖기에 이르렀다. 뜬금없이 '상실'의 의미에 대해 생각 해보기까지 했다. 어릴 적 만 원을 잃어버렸던 기억부터 이등병 시 절 총기 부품을 잃어버렸던 기억까지. 분실의 역사가 스쳐갔다. 그 럴 때마다 느꼈던 게 있었다. 사라지고 나서야 가치를 깨닫게 될 때 가 많다는 게 그것이다. 핸드폰도 마찬가지였다. 있을 때는 와이파 이 하나 제대로 못 잡는 '똥 폰'이라 놀려댔다. 그러나 막상 없어지고 나니 불편한 게 한두 가지가 아니었다. 인터넷은 물론이고 지도조차 노트북으로 일일이 확인해야 했다. 있을 때 잘 해야 하는 대상은 부 모님과 애인만이 아닌가 보다.

노트북을 십분 활용했다. 기어코 예약한 숙소를 찾아냈다. 하필이면 부다페스트에서 제일로 시끄러운 파티 호스텔이었다. 난장판 그 자체였다. 시끄러운 클럽 음악이 침실에까지 밀려들었다. 슬픔에 잠긴 나는 아무런 감흥을 느낄 수 없었다. 일찍 잠이나 자자 싶었다. 불을 끄고 침대에 누웠다. 5분 만에 불이 켜졌다. 같은 방을 쓰던 인도 여대생 두 명이 말을 걸어왔다(나는 주로 혼성 6인실에 묵었다). 왜 벌써 자느냐고 핀잔을 줬다. 잠시 후 그들에게 이끌려 술집으로 향하게 되었다. 핸드폰을 잃어버린 비애를 술로 푸는 것도 나쁘지 않겠거니 싶었다.

별천지가 펼쳐졌다. 유럽에서 가장 화려한 밤거리를 자랑한다는 부다페스트다웠다. 골목 곳곳에 포진한 펍과 클럽은 새벽까지 불야성을 이뤘다. 그 속엔 전 세계에서 날라 온 여행객들로 북적였다. 10시만 되면 암흑천지가 되는 여타 유럽 도시와는 다른 풍경이었다. 앞서가는 인도친구들을 살펴봤다. 그들 역시 흥을 폭발시키고 있었다. 길 한가운데서 고성방가와 막춤을 시연했다. 발리우드 영화에 춤추는 장면이 괜히 많은 게 아니었다.

다음 날 역시 인도 친구들과 함께했다. 부다페스트 곳곳을 돌아보자는 결의를 맺었다. 길을 나섰다. 10분 만에 한계가 찾아왔다. 전날 밤 너무 마셔댄 게 문제였다. 다리가 풀리기 일쑤였다. 고민 끝에 센트럴 마켓으로 가자는 결론을 내렸다. 센트럴 마켓은 부다페스트의 동대문 시장 같은 곳이었다. 뭐라도 먹으며 정신을 차려보자 했던 것이다. 시장으로 들어갔다. 기념품 가게와 옷 가게가 즐비했다. 그 사이에 숨어있던 음식점을 찾아냈다. 마구잡이로 음식을 주문해댔다. 헝가리 물가는 항상 쌀 것이란 생각은 착각이었다. 2만 원에 육박하는 빵 부스러기를 먹게 되었기 때문이다. 피곤이 배가 되었다.

부다페스트의 밤은 만만치 않았다

술집에 있던 호박

일단은 쉬는 게 답이었다. 인도 친구 중 한 명이었던 브루가 말했다.
"온천이나 가자."

해리포터에나 나올 법한 지하철을 탔다. 역 밖으로 나왔다. 건물
하나가 자신이 온천장이라며 우겨댔다. 정말 여기가 맞나 싶었다.
도시 한 가운데 온천이 있다는 게 웃기지 않는가. 안으로 들어갔다.
동양식 온천과는 사뭇 다른 광경이었다. 겨울이든 말든, 지붕 따위
는 없었다. 휑하니 뚫린 밤하늘 아래 중요 부위만 가린 남녀들이 뛰
놀고 있었다. 놀이기구만 없는 워터파크였다. 물속으로 뛰어들었다.
"시원하지?" 브루에게 말했다. 괜히 한 말이었다. 1시간 동안 '시원
하다'는 말에 대한 설명을 해야 했다. 끝내 브루는 이해하지 못했다.
비키니 입은 여자들이나 구경하자며 화제를 돌렸다.

부다페스트 센트럴 마켓. 앞에 인도 친구 세 명이 보인다

오후 네 시가 돼서야 겨우 일어났다. 술독과 여독이 핵융합을 일으키는 것 같았다. 몸을 질질 끌며 밖으로 나섰다. 겨울 하늘은 네 시만 되면 꺼져버린다는 사실을 확인할 수 있었다. 부다페스트에서 3일째를 맞이하고 있었건만 단 한 번도 해가 뜬 부다페스트를 제대로 보지 못했다. 부다페스트 야경이 유럽 최고 야경이란 소문을 믿어보자 자위해 봤다.

하염없이 걸었다. 이슈트반 대성당이 나왔다. 헝가리에 천주교를 허가한 이슈트반 왕을 기렸다고 한다. 왕을 기리는 성당답게 웅장했다. 내부는 금으로 도배되어 있었다. 가운데에는 예수상이 서 있었다. 예수라기보다 황제에 가까운 기운을 뿜냈다. 그래도 성당 본연의 기능이 유지되는 듯했다. 입장료는 1,000원이 전부였다. 그마저도 기부금 형식이었다. 성당 공간 대부분은 신자들을 위한 의자로 가득했다. 여타 유럽 대성당들과는 달랐다. 보통 유럽의 대성당들은 만 원이 넘는 입장료를 받으면서 예배공간은 구석에 방치하지 않았던가.

도나우 강변으로 걸어 나갔다. 세치니 다리가 보였다. 이름 그대로 사슬을 연상시키는 자태였다(세치니 다리의 영어 명칭은 'Chain bridge'다). 기둥을 연결하는 체인들에는 얼굴만 한 전구들이 박혀 있었다. 다리 앞으로 갔다. 다리 양 끝에는 혀 없는 사자 네 마리가 지키고 있었다. 이 다리 역시 나치에 의해 폭파된 경력을 가지고 있단다. 천천히 다리를 건너봤다. 반대편으로 부다 왕궁과 마티하스 성당, 그리고 오스만 제국 식민지 시절에 세워졌다는 모스크가 보였다. 셋 모두 거대하고 반짝였다. 옛날엔 우리도 잘 나갔다는 걸 보여주는 듯했다.

이슈트반 성당 외부

이슈트반 성당 내부

강변에는 헝가리 국회의사당도 서 있었다. 삐죽거리는 지붕은 오색찬란한 불빛에 감싸져 있었다. 세계에서 두 번째로 크다는 의사당다운 위용이었다. 물론 마냥 영광스러웠던 것만은 아니었다. 의사당 뒤에 숨어 있는 광장 때문이었다. 그 광장에선 소련 퇴진을 외치던 헝가리 사람들이 살육 당했다고 한다(헝가리는 소련에 편입됐던 시기가 있었다). 의사당 외벽엔 역대 헝가리 통치자 88명의 동상이 세워져 있었다. 조명을 쬐는 동상들이 과거의 상처를 가리고 있었다.

도나우 강은 개천을 강이라 우기는 다른 유럽도시의 강들과는 달랐다. 한강의 절반이나 되는 면적을 지니고 있었다. 강을 따라 걸었다. 저 멀리, 언덕 위에 양손을 뻗은 여자 동상 하나가 보였다. 자유의 여신상이라고 했다. 그러나 그 '자유'는 헝가리가 붙인 단어가 아

갤레르트 자유의 여신상

니었다. 나치를 몰아내고 헝가리를 차지한 소련이 세운 동상이었기 때문이다. 소련에 의해 세워진 동상은 소련에 의해 피를 본 의사당과 같은 강을 끼고 있었다. 그 밑으론 남자 동상 하나가 있었다. 교황 명령으로 헝가리에 포교를 왔다가 죽임을 당했던 성 갤레르트였다. 언덕은 그의 이름을 따 갤레르트 언덕으로 불리고 있었다. 여러 모로 사연이 많은 언덕이었다.

기어코 자유의 여신상으로 올라가기 시작했다. 부다페스트는 다리에 몰빵한 도시임을 절감했다. 번쩍이는 다리들과 달리 언덕길은 암흑천지였다. 정상에 도달했다. 야경이 펼쳐졌다. 듣던 대로 괜찮았다. 밑으론 내가 걸어 왔던 길이 보였다. 세치니 다리, 부다 왕궁, 헝가리 의사당이 번쩍거렸다. 맞은편엔 이름을 알 수 없는 건물들에서 쏘는 불빛들로 가득했다. 같은 도시이건만 상반된 야경을 뽐내고 있는 모양새였다. 한쪽은 거대한 건물들 몇 개가 화려함을 뽐내고 있었지만 다른 한쪽엔 작지만 수많은 불빛이 밤하늘과 조화를 이루고 있었던 것이다. 유럽의 최고 야경은 굵직한 건물 몇 채로 이뤄지지 않았다. 거대한 건물들은 포인트가 될 뿐이었다. 같이 빛나는 작은 불빛들이 없었다면 최고의 야경은 어림없었다. 꽤나 유명하다는 서울의 야경도 마찬가지일 게다.

야경 속에 내 핸드폰도 있을 거란 생각이 들었다. 마음이 아렸다. 큰 봉사 하나 했다며 위안을 삼아봤다.

세치니 다리

다리에 몰빵한 부다페스트

자그레브 & 플리트비체 초록과 빨강

부다페스트를 떠난 후 오스트리아 빈에서 머물렀다. 머물기만 했다. 마침내 터진 몸살 때문이었다. 사흘 내내 침대에 박혀 있었다. 겨우 정신을 차려봤다. 그대로 배낭을 챙겨 들었다. 아무런 소득을 건지지 못한 채 빈을 떠났던 것이다. 아쉬움 보다는 미리 예약한 버스표가 먼저였다. 가난한 배낭여행자의 비애였다.

버스는 발칸반도 남부를 향해 내달리기 시작했다. 창밖을 바라봤다. 평야만 보이던 서유럽과는 다른 풍경이었다. 산들이 심심치 않게 나타났다. 세계지리 시간에 들은 그대로였다. 바뀐 풍경을 보니 새로운 국면이 시작되는 듯했다. 한껏 저렴해진 크로아티아 물가가 그러한 생각을 더해줬다. 덕분에 멋모르고 4만 원 짜리 김치찌개를 먹기도 했지만 말이다(두 달 만에 한식당에 갔던 나는 정신을 잃었나 보다).

갑작스레 결정한 크로아티아 행이었다. 아는 게 별로 없었다. 격투기 선수 크로캅이 이 나라 경찰이었다는 사실과 예능 프로그램 '꽃보다 누나'의 촬영지가 크로아티아였단 것을 아는 게 전부였다. 급하게 인터넷을 뒤져봤다. 크로아티아의 총 인구는 500만이 안 되었다. 수도는 자그레브였다. 신기한 점이 있었다면 크로아티아는 나치에게 열심히 협조한 경력이 있었고, 나치가 맹신한 우생학 덕에 아무리 봐도 슬라브계인 자신들의 혈통을 인정하지 않았던 사실이었다(나치의 우생학적 입장에서 볼 때 슬라브계는 열등한 민족이었다). 한 시간 동안 검색해본 결과는 이게 다였다. 한마디로 별 소득이 없었다. 그

멋모르고 먹었던 한식당 음식

냥 밖으로 나가보는 게 빨랐다. 세상은 모니터 밖에 있을 테니까.

대로를 따라 걸었다. 다른 건 몰라도 크로아티아 사람들은 확실히 슬라브계임을 알 수 있었다. 꼬마들조차 놀라운 다리 길이를 뽐냈다. 아저씨들은 술로 가득찬 배를 자랑하고 있었다. 여자들은 죄다 예뻤다. 슬라브계의 큰집, 러시아와 여러모로 비슷한 모양새였다. 기차역으로 가봤다. 역전 광장에 동상이 서 있었다. 크로아티아 국부를 묘사했다고 한다. 그의 이름은 토미 슬라브. 이름부터 완전한 슬라브였다.

중앙역 광장을 벗어났다. 기다란 공원이 나왔다. 공원을 따라 걸었다. 구시가 광장으로 연결됐다. 옐라치치 광장이었다. 크로아티아의 이순신격인 옐라치치 장군 이름에서 따왔다고 했다. 광장은 옐라치치 장군 동상을 중심으로 퍼져있었다. 자동차는 보이지 않았다.

대신 쉴 새 없이 지나다니는 트램과 자그레브 시민들만이 보였다. 그나저나 광장에 동양인이 나 혼자인 것 같았다. 비수기여서 그랬나 보다. 뭔지 모를 외로움이 밀려왔다. 광장을 빠져나갔다. 크로아티아 지폐에 실려 있다는 자그레브 대성당으로 향했다.

자그레브의 옐라치치 광장. 얼떨결에 크로아티아로 넘어왔다

　자그레브 대성당에 도착했다. 솔직히 지폐에 실릴 정도는 아니었다. 규모가 크지 않았다. 약간 길고 뚱뚱한 명동성당 같았다. 내부 역시 압도적이지 않았다. 금박으로 도배된 여타 유럽 대성당과는 달랐다. 그래도 성당이 지닌 역사만큼은 무시할 수 없었다. 11세기에 시작한 건축이 1899년에서야 완공되었단다. 성당 하나 짓는데 800년이나 걸렸던 것이다. 건축 과정에서 온갖 수난을 겪었기 때문이란다. 몽골의 침입과 대지진 등을 겪었다고 한다. 수난을 겪었음에도 끝내 완공되었다는 사실에 의미가 있어 보였다. 성당 앞에는 벽시

계 하나가 걸려 있었다. 7시 3분 3초를 가리킨 채 멈춘 상태였다. 대지진이 일어났던 시간이란다. 강남역의 쉴 새 없이 돌아가는 전광판 시계와는 다른 모습이었다.

7시 3분에 멈춰있는 시계

옆에 난 골목으로 들어갔다. 재래시장이 펼쳐졌다. 시장 이름은 '돌락'이었다. 늘어선 빨간 파라솔 밑으로 과일들이 보였다. 죄다 무지갯빛 자태를 뽐냈다. '유럽 전통 시장' 하면 떠오르는 광경이었다. 싼 가격 덕분이었을까. 무지갯빛 과일들이 더욱 예쁘게 다가왔다. 그 옆으론 카페가 늘어서 있었다. 에스프레소 향과 담배연기가 섞인 냄새가 날라 다녔다. 그때였다. 알 수 없는 비릿함이 느껴졌다. 구석에 처박혀 있던 수산코너였다.

수산시장은 과일시장과는 사뭇 다른 광경을 가지고 있었다. 축축하고 난잡했다. 물고기들은 내장이 뜯긴 채로 나자빠져 있었다. 조금 더 큰 물고기들은 꼬챙이에 매달려 대롱거렸다. 장어 한 마리 와 우연히 마주쳤다. 토막 나는 동료 옆에서 두려움을 내뿜고 있었 다. 지하 정육코너로 내려갔다. 그곳도 상황은 비슷했다. 소시지 묶 음 옆으로 새끼돼지 한 마리가 통째로 매달려 있었다. 옆에 있는 도 넛가게에서 점심을 해결해봤다. 장기 털린 아기돼지를 보며 먹는 도 넛 맛이 색달랐다. 달콤 살벌했다고나 할까. 그래도 천편일률적으로 설치한 조형물 따위는 없었다. 다소 거칠더라도 재래시장 특유의 느 낌을 지키고 있었다. 담배를 문채 흥정하는 상점 아주머니들이 보였 다. 정겨웠다.

옐라치치 광장으로 돌아왔다. 옆에 난 다른 골목으로 파고들었다. 잘못된 선택이었다. 언덕이 길게 이어지더니 이내 산길에 버금가는 경사가 펼쳐졌다. 가쁜 숨을 고르며 웅성대는 곳으로 향했다. 크로 아티아의 또 다른 상징, 성 마르크 성당이 그 모습을 드러냈다. 크로 아티아에서 가장 오래된 성당이란다. 지붕에 박힌 모자이크가 유명 하다는 말을 들었던 기억이 떠올랐다. 지붕을 쳐다봤다. 촘촘히 박 힌 모자이크에서 크로아티아 국기가 연상되었다.

눈이 갔던 건 지붕만이 아니었다. 성당 바로 옆에는 대통령 집무 실이 있었다. 신선했다. 골목에 청와대가 덩그러니 서 있다니. 선뜻 다가오지 않았다. 건물을 둘러친 벽조차 없었다. 지키는 인원이라 고는 문 앞에 한 명씩 배치된 경찰관들이 전부였다. 십여 년 전에 내 전을 겪으며 독립한 나라가 맞나 싶었다. 대통령 집무실 앞으론 관 광객들이 끊이지 않았다. 바로 옆 골목엔 편의점마저 돌아가고 있었 다. 편의점에 들렀다. 아이스크림 하나를 샀다. 대통령이 어느 방에 있을까 맞춰보며 아이스크림을 물었다. 저지하는 이는 단 한명도 없

알록달록 돌락 시장

장기 털린 아기돼지

었다. 가끔씩 경찰관과 눈싸움을 벌일 뿐이었다.

물러가는 관광객들을 따라 내려갔다. 유럽다운 골목은 이어졌다. 확실히 예뻤다. 오히려 프라하보다 나은 듯했다. 물론 프라하에도 거대함과 예쁨을 동시에 갖춘 건물들이 많았다. 그러나 그에 못지않게 어설픈 기념품 가게들과 현지인은 찾아볼 수 없는 레스토랑들도 많았다. 이곳 자그레브는 달랐다. 어색한 기념품 가게보다는 일반 가정집이 많았다. 레스토랑 메뉴판이 있을 자리엔 가정집에서 기르는 화분이 놓여있었다. 모두 대통령 집무실에서 3분 거리도 안 되는 골목들이었다. 신기할 따름이었다.

호스텔로 돌아갔다. 낯익은 얼굴이 보였다. 로마에서 만났던 인도 여대생 V였다. 약속 한 적도 없건만 우연히 재회했던 것이다. V가 내일은 뭐 할 것이냐고 물어왔다. 도시나 한 번 더 둘러볼 생각이라 말했다. V가 눈에 힘을 줬다. 눈이 튀어나올 기세였다. 무슨 소리냐고 소리를 질러댔다. 자그레브에 왔으면 플리트비체 국립공원에는 꼭 가야 한단다. 영화 '아바타'의 모티브가 되었을 만큼 비경이기 때문이란다. 그곳의 아름다움에 눈물을 흘리게 될 거라 장담한다는 말까지 덧붙였다. 기가 눌렸다. 플리트비체 행 버스 시간을 알아보기 시작했다. 첫 차는 새벽 여섯 시쯤이었다. 서둘러 잠을 청했다.

결국 잠을 이루지 못했다. 당시 나는 완전한 올빼미가 되어 있는 상태였다. 그런 나로서는 새벽 다섯 시에 일어날 엄두가 나지 않았다. 홀라당 밤을 샜다. 버스에서 자면 되겠거니 하며 길을 나섰다. 터미널에 도착했다. 정확히 새벽 여섯 시였다. 첫 차는 떠나버린 상태였다. 한 시간 후에야 다음 차가 온단다. 밤을 샜건만 무려 한 시간을 더 버텨야 했다. 무거운 눈꺼풀을 참아가며 생각했다. '이 짓을

성 마르크 성당과 바로 옆에 있던 정부 청사들

자그레브 전경

할 만큼 괜찮은 곳일까?' 하늘이 타오르기 시작했다. 하늘 빛깔이 붉어졌다. 충혈된 나의 눈알과 비슷했다.

끝내 버스가 왔다. 바로 고꾸라졌다. 눈을 떠보니 플리트비체였다. 정말? 버스에서 내리자마자 든 생각이었다. 최고 비경을 자랑하는 국립공원 입구라기엔 썰렁했다. 말 그대로 오솔길이었다. 표지판을 따라갔다. 사방에 뱀이 숨어있을 게 확실했다. 매표소가 나왔다. 표를 샀다. 코스에 대해 대략적인 교육을 받았다. 버스를 타고 올라갔다가, 산을 타고 내려온 후, 배를 두 번 타고, 다시 산을 탄 다음, 절벽으로 기어 올라가서 버스를 타고 돌아오면 된단다. 예상 시간은 네 시간이었다. 참으로 험난해보였다.

한참만에야 도착한 셔틀버스를 잡아탔다. 소양강댐과 흡사한 풍경이 펼쳐졌다. 설마 이게 다인가 싶었다. 그 순간, 호수색이 변하기 시작했다. 영롱한 에메랄드빛 호수가 나타났다. 조금 더 상류로 올라갔다. 기괴하게 흐르는 폭포가 보였다. 호수는 에메랄드를 넘어 투명함에 가까워져 갔다. '아바타' 영상 팀이 반할 만 한 이유가 있었다.

등산이 이어졌다. 길은 군대 훈련장을 연상시켰으나 눈앞으로 보이는 건 절경이었다. 웅성대는 소리를 따라 가봤다. 수 갈래로 떨어지는 얇은 폭포가 나타났다. 폭포 밑에 깔린 호수는 '물속이 훤히 비친다.'는 말을 실감하게 했다. 물 밑으로 보이는 침수된 갈대들은 나를 빨아들일 듯 했다. 징그럽게 투명했기 때문이다. 배를 타고 협곡을 지날 땐 무슨 원정대원이라도 된 기분이었다. 배에서 내렸다. 다시금 하염없이 걸었다. 대 폭포(폭포 이름이 Great waterfall이었다)가 나타났다. 어딘지 모르게 아바타가 생각나는 광경이었다. 어디선가 익룡

폴리트비체 숲길

폴리트비체 대폭포

플리트비체. 영화 '아바타'의 배경이 될 만 했다

이라도 날아들 기세였다.

하지만 눈물이 나올 정도까지는 아니었다. 공원을 빠져나가는 버스에 몸을 실었을 때였다. 에메랄드 빛 강과 하얀 절벽을 절묘하게 뚫고 가는 폭포들이 보였다. 분명 아름다웠다. 그러나 눈물까지는 아니었다. 절경들과 아무리 눈싸움을 벌여 봐도 내 눈은 굳건했다. 내가 아직은 어린 건지, 아니면 감수성이 매 말랐던 건지. 그저 또 다른 느낌의 절경을 본 것 같을 뿐이었다.

보통 자연을 인공물보다 위에 두는 경향이 있는 것 같다. 인공물 대부분은 자연을 파괴하며 흉학함을 낳기 때문일 테다. 하수구의 악취와 쓰레기 더미가 대표적인 예다. 그렇다고 해서 인공물이 마냥 못생긴 건 아니지 않을까 싶다. 악취를 풍겨대고 자연과 대립하더라도 나름의 멋이 아예 없는 건 아니니 말이다. 유럽의 빨간 지붕들도

플리트비체의 에메랄드 강물 못지않았다. 빨간색과 초록색의 차이
일 뿐이었다.

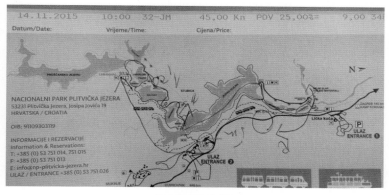

플리트비체 안내도

스플리트 내일은 모른다

버스에서 내렸다. 짙은 휴양지 냄새가 밀려들었다. 잔잔한 아드리아 바다 옆으로 하얀 대리석 길이 깔려 있었다. 매끈하고 번쩍거렸다. 수세기 전부터 수많은 무릎을 짓이겼을 게 틀림없었다(대리석 바닥은 무릎 마모 촉진제다). 횟집은 보이지 않았다. 대신 야자수가 도열해 있었다. 바다로부터 카페와 레스토랑을 보호하는 모양새였다. 거북이마냥 불룩한 배낭을 멘 내가 와도 되는 곳인가 싶었다.

오랜만에 구글 지도에게 배신당했다. 분명 지도가 가리키는 곳에 도착했다. 호스텔은 보이지 않았다. 간판만 없겠거니 했다. 당당히 건물 안으로 들어갔다. 자칫하면 경찰서에 끌려갈 뻔했다. 호스텔은 무슨, 평범한 가정집이었기 때문이다. 다시 골목으로 내려왔다. 같은 골목을 수십 번 오락가락 해봤다. 결과는 매한가지였다. 배낭은 점점 무거워졌다. 분노가 치솟았다. 나 홀로 쌍욕을 퍼붓기 시작했다.

욕하는 것도 지쳤다. 혹시나 하는 마음에 지도에 표시되지 않은 골목으로 들어가 봤다. 이 골목 역시 마찬가지구나 싶었다. 그 순간, 어떤 할머니 한 분이 말을 걸어왔다. 할머니는 건물 하나를 가리켰다. 세 시간 동안 찾던 그 호스텔이었다. 감격스러웠다. 연신 감사하단 말을 날리며 계단을 올랐다. 단단히 약이 오른 상태였다. 약도를 그 따위로 그리는 게 어디 있냐며 실컷 욕하리라 다짐했다. 문을 열었다. 웬걸, 미녀 알바생 한명이 앉아 있었다. 당최 언어로 표현하기 힘든 미모였다. 굳이 적어보자면 한 세기에 한번 마주칠까 말까 한 외모를 가진 백인 여성이었다. 굳건했던 분노는 1초 만에 사그라졌다. 대신 상상하기 힘든 자기반성이 올라왔다. '세상은 지도 밖에 있다던데, 지도만 고수한 내가 잘못이지.' 웃기는 소리였다. 나도 어쩔 수 없는 '생'남자인가 보다.

짐을 풀었다. 세 시간의 방랑 때문이었을까. 배가 헐듯이 고팠다. 미리 챙겨둔 즉석식품으로 저녁을 때웠다. 흩어지는 쌀밥에 스파게티 소스를 부은 이상야릇한 것이었다. 반대편에 앉은 서양 아주머니가 지긋한 눈빛을 쐈다. 말까지 걸어왔다. 자기는 독일인인데, 한 달 전에 서울을 다녀왔단다. 그러고는 끝없이 이야기를 이어갔다. 먼저 말을 걸어준 건 고마웠지만 솔직히 부담스러웠다. 아주머니는 나한테만 그런 게 아니었다. 주방에 앉은 모든 이에게 말을 걸어대는 모양새였다. 부담스러웠다. 사람들은 기회를 엿보며 도망갈 궁리를 했다. 나 또한 샤워를 한다는 핑계로 도망쳐 나왔다.

먼지 모를 휴양지 냄새가 났다

저녁을 해결한 나는 야경을 보려 했다. 그렇게 밖으로 나갈 때였다. 이번엔 남자 둘이 말을 걸어왔다. 인도계 미국인 잼과 네덜란드인 피터였다. 다짜고짜 와인을 권했다. 살짝 취한 채 야경을 보는 것도 좋겠다 싶었다. 딱 한 잔만 마시겠다며 자리에 앉았다. 어림없는 소리였다. 어느새 두 시간이 흘렀다. 아름다운 휴양도시라는 곳에 와서 뭐 하는 짓인지. 이곳에서의 첫날을 방황과 술로 날릴 수는 없었다. 취기가 오른 그들에게 이제는 가봐야겠다고 선포했다. 그런데 이놈들, 같이 가잔다. 어느덧 우리 셋은 함께 거리를 걷고 있었다. 잔잔한 바다, 야자수, 레스토랑이 한데 어우러진 리바 거리가 나왔다. 물론 잼과 피터는 야경 따위엔 관심이 없었다. 와인 한 병을 사서 돌아가자 조를 뿐이었다. 결국 야경은커녕 알코올에 더욱 절여지게 되었다. 그래도 테라스 밖으로 보였던 리바 거리는 스플리트에 대한 기대감을 높여줬다.

스플리트, 뭔가 심상치 않아 보였다

스플리트에서 머물렀던 호스텔엔 외국인만 있었던 게 아니었다. 나를 제외하고도 한국인이 두 명이나 더 있었다. 혼자 여행을 온 중년 여성분과 여대생이 그러했다. 술독에서 해매는 내게 중년 여성분이 말을 걸어왔다. 한국인끼리 돌아다녀 보잔다. 나쁘지 않았다. 잼과 피터랑 다니다 보면 관광보단 술독을 해맬 가능성이 높았다. 급박하게 샤워를 마쳤다. 호스텔을 나섰다. 잼과 피터는 해장 와인을 달리고 있었다.

군 복무 시절 예능 프로그램 '꽃보다 누나'를 본 적이 있다. 중년을 넘어선 여배우들이 크로아티아를 배낭여행 하는 내용이었다. 솔직히 재미없었다. 터무니없는 소재로 얘기를 짜는 것 같았다. 출연자들은 허구한 날 길을 잃어댔다. 팽이를 돌려 팽이의 저주에 걸렸다는 둥, 황당한 에피소드가 연속됐다.

길을 나가보니 이유를 알 수 있었다. 길바닥과 건물이 죄다 대리석으로 지어진 이 도시는 분명 예뻤다. 그러나 그게 다였다. 내가 방송작가라도 여기서 무슨 얘기를 만들어야 할지 막막해 보였다. 물론 제작진들이 의도적으로 얘기를 만들어내지는 않았을 게다. 다만 예능 에피소드를 찾기 힘든 이 도시에서 땀을 흘렸을 제작진이 눈물겨울 뿐이었다.

스플리트는 특별한 사명감을 띄고 건설된 도시가 아니었다. 은퇴한 로마황제 디오클레티아누스가 휴양을 위해 지은 도시였다. 도시 태생 자체가 휴양이었던 것이다. 그렇게 지어진 디오클레티안 성은 여전히 삶의 터전으로 기능하고 있었다. 성 안엔 일반 가정집은 물론 상점들까지 자리 잡고 있었다. 밖에는 시장이 위치했다. 휴양지로 지어진 성은 수세기가량 사람들의 터전이 되어오고 있던 것이다.

이승기가 헤맸던 나르디니 광장이 나왔다. 더 들어갔다. 동서남북으로 뚫린 성문 길들이 모이는 중앙 광장이 보였다. 그 앞의 지하도로 갔다. 온갖 장식품을 파는 지하상점이 펼쳐졌다. 故김자옥씨가 춤을 췄던 곳이란다. 밖으로 나왔다. 재래시장을 지났다. 동상 하나가 보였다. 종교 지도자였던 대주교 그레고리우스였다. 그의 왼발이 유독 빛났다. 정확히 말하자면 한껏 닳은 상태였다. 발을 만지면 소원이 이뤄진다는 설 때문이었다. 어김없이 그의 발에 손을 얹었다. 간청했다. "스플리트가 예쁜 건 알겠으니 제발 블로그에 쓸 에피소드 좀 주시죠."

소원은 금방 이뤄졌다. 스플리트 전망을 볼 수 있다는 마리엔 언덕을 오를 때였다. 중년 여성분이 입을 열었다. 그분은 여행자유화가 막 되었을 90년대 초반에 유럽 배낭여행을 했단다. 배낭여행 1세대의 얘기는 흥미로웠다. 인터넷 따위는 존재하지 않았단다. '우리는 유럽에 간다'라는 가이드북이 전부였다고 한다. 그 결과 책에 나온 15개국 이외의 나라에는 가볼 엄두도 못 냈다고 한다. 당시엔 숙소를 예약한다는 개념마저 없었다. 기차역에 있는 인포메이션 데스크에서만 확인할 수 있었단다. 그런 시절에 유럽을 돌아다녔던 그분은 꽤나 고생했다고 한다. 그래서 기억에 남는단다. 중년 분이 아쉬웠던 점은 '여기는 나중에 오면 되지'라며 몇 곳을 건너 뛴 것이라 했다. 그때 말한 '나중'이 20년 후가 될 줄은 몰랐기 때문이다. 어느새 마리엔 언덕 정상에 다다랐다. 스플리트 전경이 펼쳐졌다. 역시나 붉은 지붕 천지였다. 전경을 한참 찍어댈 때였다. 크로아티아의 최남단 도시, 두브로브니크로 갈지에 대한 고민이 솟아났다. 그곳은 '다음에 가면 되지'라며 미뤄뒀던 도시였기 때문이다.

그레고리우스

그레고리우스의 닳고 닳은 동상의 왼발

스플리트의 흔한 골목 카페

마리엔 언덕에서 보인 스플리트 전경

저녁이 되었다. 나 홀로 디오클레티안 궁전을 다시 둘러봤다. 밤이 되자 온갖 조명이 밝혀졌다. 빛을 쏘아대던 곳은 기념품 가게, 음식점, 이발소 등 다양했다. 밑에 깔린 만질만질한 대리석 길은 그 빛을 반사시켜댔다. 이 모든 게 3세기경에 세워진 궁전 안에 있었다. 신기했다. 우리나라엔 3세기경 지어진 건물이 몇 채나 남아있을지 궁금해졌다.

가봤던 곳을 반복해서 돌아다녔다. 지겨워졌다. 성 밖으로 나가봤다. 인적은 드물어져 갔다. 대리석 바닥도 사라졌다. 대신 시멘트 길이 시작됐다. 주변 벤치엔 아름다운 크로아티아 누나들이 그녀들의 애인과 함께 앉아 있었다. 복 받은 남자들이었다. 그렇게 얼마나 걸었던 걸까. 뒤를 돌아봤다. 저 멀리 스플리트 구시가지가 보였다. 역시나 괜찮은 광경이었다. 두브로브니크에 대한 궁금증이 더욱 솟아났다. 크로아티아에선 두브로브니크를 제일로 여긴다고 했기 때문이다. 스플리트가 이 정도이면 두브로브니크는 어느 정도란 말인가.

두브로브니크 행에 대한 고민은 계속됐다. 여정을 바꾼다면 본래

오묘했던 스플리트 뒷골목

가려했던 세르비아 여행 계획은 통째로 날아가기 때문이다. 이러한 고민엔 중년 분의 말씀이 큰 몫을 했다(나중에 다시 가겠다고 했으나 그때 말한 '나중'이 20년 후 일 줄은 몰랐다던 말). 우리는 백년 넘게 살 수도 있지만 동시에 내일 당장 죽을 수도 있다. 디오클레티안 성당은 여전히 건재하나 폼페이는 하루아침에 작살난 것처럼 말이다. 앞날은 그 누구도 모르는 것이다. 따라서 조금 더 구미가 당기는 선택을 하는 게 중요해 보였다. 다만 매번 선택을 해나가기가 어려울 따름이었다.

한창 고민이 커져갈 때였다. 파리에 테러가 일어났다. 120명 넘는 사람들이 순식간에 목숨을 잃었다. 다들 저녁시간을 즐기는 중이었다고 한다. 어느새 나는 두브로브니크 행 버스 티켓을 사고 있었다.

두브로브니크 박살나는 구나

　두브로브니크로 향하는 버스에 몸을 실었다. 버스 너머로 보이는 아드리아 해 풍경이 상당했다. 푸른 바다는 붉은 지붕과 대비를 이뤘다. 군데군데 대리석을 드러낸 산은 묘한 기운을 뿜내고 있었다. 마음이 한결 가벼워졌다. 그간 폭발하던 피로가 풀리는 듯했다. 내 마음을 평화롭게 했던 건 하나 더 있었다. 오랜만에 계좌 잔액을 확인할 때였다. 당시는 집에 돌아갈 날이 2주 정도 남은 시점이었다. 그럼에도 100만 원 넘게 남아 있었다. 83일 간의 여행 경비가 총 500만 원이었다는 걸 고려한다면 기적적인 일이었다. 물론 그동안 인간다운 삶을 영위했던 건지 의심이 들었던 순간이기도 했다. 그렇더라도 묘한 쾌감은 지워지지 않았다.

크로아티아의 흔한 시골 풍경

당연한 일이지만 쾌감은 오래 가지 않았다. 두브로브니크 버스 터미널에 도착했을 때였다. 숙소까지는 걸어서 45분이 걸린단다. 버스를 타야겠다 싶었다. 시내버스를 기다려봤다. 배낭을 메고 힘겹게 걸어가는 여행객들이 종종 보였다. '다들 걸어가네?' 갈등이 밀려왔다. 어느새 걸어가고 있는 내 자신을 발견했다. 걷기 시작한지 1분이 되었을 시점이었다. 지도엔 오르막길이 표시되지 않는다는 걸 깨달았다. 어쩔 수 있나. 땅만 보며 언덕을 올랐다. 다음 정류장에 도착했다. 언덕의 끝이 보이지 않았다. 슬며시 고개를 들어봤다. 낯익은 사람이 버스를 기다리고 있었다. 두브로브니크로 오던 버스에서 봤던 칠레인 조나단이었다. 한껏 기른 수염에서 묘한 아우라가 풍겨졌다. "너도 버스 타는 게 좋을 걸?" 그가 먼저 말을 걸어왔다. 곧바로 걷기를 포기했다. 기어코 시내버스에 올랐다. 잘한 선택이었다. 쾌속으로 언덕을 넘어갔다. 저 멀리 푸른 바다가 보였다. 도시는 바다 위에 떠 있는 듯했다. 비현실적인 광경이었다.

조나단과 나는 같은 호스텔에 머물기로 했다. 허기를 달래보자 마음을 먹었다. 오징어 햄버거라는 생소한 음식을 먹었다. 올드타운 구경을 시작했다. 보통의 올드타운들은 성벽의 잔해만 남아있었다. 사대문만 남고 성곽은 사라진 서울과 같다고 할 수 있겠다. 두브로브니크는 달랐다. 성벽은 여전히 견고했다. 성벽에 뚫린 세 개의 문만이 밖으로 난 통로의 전부였다. 바닥엔 역시나 수많은 무릎을 분질러왔을 대리석이 깔려 있었다. 골목들은 가관이었다. 시멘트로 어설프게 덧칠 된 골목조차도 화보였다. 골목을 골대 삼아 핸드볼을 하는 꼬마들이 보였다. 영화의 한 장면 같았다. 성벽 밖으로 나가봤다. 항구가 나왔다. 휴양지 그 자체였다. 빌 게이츠의 별장이 이곳에 있는 이유를 알 수 있었다. 어디선가 쿵쾅대는 소리가 들려왔다. 성당에서 울려대는 종소리였다. 퍼져가는 종소리가 살구색 가로등 빛과 함께 골목을 감쌌다. 조나단이 한 마디를 날렸다. "Can you smell the history(역사의 냄새가 느껴지니)?" 당시 풍경을 제대로 묘사한 문장이었다.

피곤했다. 버스에서 쌓인 피로에 두브로브니크의 충격적인 색감이 더해져서 그랬나 보다. 숙소로 돌아갔다. 세계 각국에서 온 젊은이들이 모여 있었다. "한국싸람이웨요?"라는 소리가 들렸다. 한국인은 아니었다. 미국인 이사벨이었다. 부산에서 3년간 살았다고 한다. 한국어를 하는 외국인을 만나다니, 그것도 크로아티아에서, 어안이 벙벙했다. 이번엔 아르헨티나에서 온 안드레아스가 입을 열었다. 술게임을 하잔다(술 게임이 존재하는 나라가 우리나라말고도 있었다니!). 게임 한 판이 돌아갔다. 게임이라기 보단 누가 빨리 마시는지를 확인하는 행위였다. 알코올 냄새가 히스토리 냄새를 지워버렸다. 대자로 뻗었다.

새벽 네 시에 눈을 떴다. 일찍 뻗은 덕분이었다. 목이 말랐고 배도 고팠다. 그러나 두브로브니크는 유럽이었다. 유럽에서 24시간 돌아가는 슈퍼마켓을 찾는 건 서울에서 오후 다섯 시에 닫는 편의점을 찾는 것과 같았다. 수돗물을 마시며 버틸 수밖에 없었다. 아사 직전에 이렇을 때였다. '인내는 쓰고 결과는 달다'라는 말이 실현되기 시작했다. 아홉 시가 되었고 하나 둘씩 일어났다. 안드레아스가 아르헨티나 전통 마테차를 건넸다. 우리나라에서 파는 마테차는 마테차가 아니었음을 확인할 수 있었다. 호주인 조쉬는 반나체 상태로 부엌에 달려갔다. 기름에 볶은 양파와 파프리카로 채워진 샌드위치가

이곳 역시 심상치 않았다

마테차를 마시고 있는 안드레아스

탄생됐다.

좁은 호스텔에 거실 따위는 존재하지 않았다. 골목 계단으로 나갔다. 반질반질한 대리석 바닥은 식탁으로 쓰이기에 적절했다. 눈앞으로 좁다란 아이보리색 골목이 늘어서 있었다. 그 사이로 붉은색 지붕, 회색 성곽이 뒤섞였다. 지상 최고의 노숙 식탁이었다. 이런 도시를 지나쳤을 수도 있단 생각을 하니 아찔했다. 어디든 직접 가보기 전엔 모르는 거다. 우리는 하기도 전에 섣불리 판단할 때가 많다.

계단 천국이었던 두브로브니크 골목. 안 왔으면 큰일 날 뻔했다

전날 밤, 우리는 절벽 다이빙을 해보자고 말을 맞춘 상태였다. 반바지와 수건을 챙겼다. 가자는 대로 따라갔다. 뒷산으로 가는 듯했다. 절벽이 얼마나 높으면 산으로 가나 싶었다. 살짝 겁도 났다. 그런데 정말로 산을 타기 시작했다. 알고 보니 다이빙은 하지 않기로 했단다. 구름 낀 날씨 때문이었다. 그렇게 산행이 시작되었다. 등산로는 돌무더기 천지였다. 등산로 중간 중간 세워진 동상에는 십자가를 진 예수가 새겨져 있었다. 수다쟁이 안드레아스도 말수가 줄어들었다.

정상에 올랐다. 올라온 보람이 있긴 했다. 정상에서 보는 올드타운은 예상대로 예뻤다. 바다 위에 성 하나가 떠 있다는 느낌을 풍길 정도였다. 붉게 물든 지붕이 파란 아드리아 해와 대비를 이뤘다. 뒤를 돌아봤다. 우리나라에서는 볼 수 없는 석회암 산들이 펼쳐졌다. 그런데 그 산들은 크로아티아가 아니었다. 보스니아와 몬테네그로의 영토라고 했다. 발칸반도에서 가장 유명한 휴양도시 바로 옆에 다른 나라가 있다니, 당황스러웠다. 산꼭대기에 위치한 산성엔 박물관 하나가 있었다. 유고내전에 대한 전시물들로 가득했다. 입구엔 불에 탄 과거의 두브로브니크 거리 사진이 걸려 있었다.

저 멀리 보이는 몬테네그로

주변이 조용했다. 일행들은 벌러덩 누워 일광욕을 즐기고 있었다. 나 혼자 장소를 옮겨대며 사진기를 굴려댔다. 안드레아스가 다가왔다. 아르헨티나 인에게 가장 물어보고 싶었던 질문을 던져봤다. 그와 맨 정신에 대화를 나눌 수 있는 건 그때밖에 없다고 생각했기 때문이다. "체 게바라에 대해 어떻게 생각하나?"(체 게바라는 쿠바 혁명을 위해 조국 아르헨티나를 떠났다) "완전 멋지지." 안드레아스가 답했다. 체 게바라를 싫어하는 아르헨티나 인들은 많지 않단다. 체 게바라는 나라를 떠났을 뿐이지 배신한 건 아니었기 때문이다. 자기는 오히려 게바라처럼 살고 싶다고 했다.

안드레아스는 인권 변호사로 활동하고 있었다. 그제야 안 사실이었다(전날 밤까지만 해도 주정뱅이 방랑자인 줄로만 알았다). 대기업 변호사를 할 수도 있었단다. 그러나 숫자처럼 다뤄지는 사람들을 보면서 인권 변호사의 길을 택했다고 한다. 돈은 조금 못 벌더라도 보람이 있단다. 또 자기 분야에서 열심히 하다 보면 돈도 따라오지 않겠냐고 했다. 하긴 세상이 아무리 변해도 20대는 20대다. 10년이 지나봤자 30대 일뿐이다. 무작정 돈부터 쫓기엔 너무나 젊다. 돈 벌 시간은 생각보다 많이 남아있을 게다. 현재 우리나라 평균 수명은 여든 하나다.

하산은 쉬웠다. 곧장 야경 포인트로 갔다. '꽃보다 누나'의 마지막을 장식했던 카페가 목적지였다. 한적한 골목에 다다랐다. 견고한 성벽에 뜬금없는 문 하나가 뚫려 있었다. 안으로 들어갔다. 카페가 나왔다. 돈도 안내고 당당히 들어갔다. 현지인 대부분이 그러고 있었다(잘 모르는 관광객들만 음료를 시켰다). 때 마침 석양이 시작됐다. 끝이 안 보이는 아드리아 바다가 붉어졌다. 밧줄을 주렁주렁 매단 돛단배는 하늘에 떠 있는 것 같았다. 성벽 또한 바다에서 반사하는 노을로

험난했던 등산로. 안드레아스와 조나단이 퍼져버렸다

카페에서 보인 풍경

밝아져갔다. 정말 박살나게 아름다운 광경이었다.

숙소로 돌아가는 길이었다. 전쟁 기념식이 진행되고 있었다. 사람들은 손에 촛불을 쥐고 배회했다. 내전 당시 손에 손을 잡고 두브로브니크를 지켜냈다는 유럽의 지성인들에게 고마워졌다. 그들이 돈만 바라 봤다면 이 도시는 박살난 지 오래였을 게다.

원래 두브로브니크에서는 이틀만 머무르려 했었다. 그러나 도시경관이 예뻤다. 새로 사귄 친구들과도 돈독해졌다. 결국 하루 더 묵기로 했다. 그렇게 맞이한 마지막 날, 칠레인 조나단, 솔과 함께 올드타운 성벽으로 올라갔다(성벽 투어는 두브로브니크의 하이라이트로 꼽힌다). 말 그대로 그림 같은 풍경이 펼쳐졌다. 이러한 곳이 아직까지도 사람들의 터전이란 사실은 놀라울 따름이었다. 골목 곳곳엔 안테나접시와 빨래 줄들이 매달려 있었다.

성벽의 사면 중 삼면은 에메랄드 바다로 둘러 싸여 있었다. 올드타운에 있는 집들은 자신의 붉은 기와들을 뜨겁게 달궈댔다. 주인잘못 만나 고생하던 내 사진기도 기뻐했다. 아무렇게나 찍어도 작품이었으니까. 우리 셋은 두브로브니크 풍경에 매료되어 갔다. 말없이셔터만 눌러댔다. 우리만 그런 건 아니었다. 유독 많아 보이는 한국인 신혼부부도 마찬가지였다('꽃보다 누나' 때문이었으리라). 셀카봉을 드는 것에 지친 신랑 때문에 부부싸움이 벌어질 정도였다. 성벽 투어의 피날레인 요새로 올라갔다. 할 말을 잃어버렸다. 내리쬐는 태양때문에 사진이 잘 나오지 않았다. 카메라는 끝내 파업을 하고 말았던 것이다. 카메라를 내려놨다. 도시의 색감이 몰려들기 시작했다. 디지털 픽셀로는 담을 수 없는 빛깔이었다.

비현실적인 두브로브니크에 단점이 하나 있다면 그건 계단이 많

조나단 머리 너머로 보이던 두브로브니크. 정말 안 갔으면 큰일 날 뻔했다

았다는 것이었다. 정말 심각하게 많았다. 성곽투어를 마친 우리는
호스텔로 향했다. 자비 없이 펼쳐진 계단을 올랐다. 크로아티아 역
시 기상예보는 엉망이었다. 하루 종일 비가 내린다고 했던 예보는
거짓이었다. 쨍쨍한 태양만이 떠 있을 뿐이었다. 덕분에 계단을 오
를 때마다 무릎도, 피부도 녹아내렸다. 아침에 널어놨던 빨랫감은 3
시간 만에 다 말라 있었다. 바싹 마른 속옷들을 만지작거렸다. 어제
세웠던 계획이 떠올랐다. 절벽 다이빙이었다.

　반바지와 수건을 챙겨들었다. 무작정 바다로 돌진했다. 절벽이 나
타났다. 신나게 옷을 갈아입었다. 천연 다이빙대 위에 섰다. 조나단
이 앞장섰다. 그런데 조나단, 갑자기 자기는 못하겠단다. 이해할 수
없었다. 이제 와서 뭐하는 짓인가 싶었다. 그를 밀쳐내고 절벽 위에

섰다. 밑을 내려다 봤다. 워낙 맑은 바닷물이었다. 바닥까지 다 보였다. 4미터밖에 안 되는 높이였지만 체감 상 10미터를 넘어섰다. 몸이 떨렸다. 알 수 없는 공포가 올라왔다. 조나단처럼 뒷걸음질을 쳐버렸다. 꼴에 체면은 세우고 싶었나보다. 나는 낮은 곳으로 기어 내려갔다. 풍당 빠져봤다. 목욕탕의 냉탕에서 점프하는 정도였다.

에메랄드 빛이더라도 바다는 결국 소금물임을 알 수 있었다. 콧속으로 소금물이 달려들었다. 곧바로 헤엄쳐 나왔다. 일행이 늘어 있었다. 다른 호스텔에서 왔다는 미국, 영국, 포르투갈 여자들이었다. 그들 역시 다이빙 포인트를 물색하고 있었다. 무거워진 몸을 이끌고 바위를 올랐다. 그녀들은 어느새 옷을 갈아입었다. 뛰어들 준비를 하고 있었다. 나와 조나단은 엄두조차 못 냈던 그 절벽에서 말이다. 잠시 후, 그녀들은 바다로 사라졌다.

여러모로 창피했지만 무서운 건 어쩔 수 없었다. 절벽에서 일광욕이나 하자 마음을 먹었다. 그 순간이었다. 조나단이 나를 배신했다. 하늘로 날아오르더니 4미터 아래 바다로 고꾸라졌다. 이윽고 '점프!'라는 소리가 들려오기 시작했다. 바다에 떠 있던 여자 삼인방과 배신자 조나단이었다. 애써 무시하고 하늘을 올려다봤다. 이번엔 위쪽에서 이상한 소리가 내려왔다. 성벽 투어를 하고 있던 관광객들이 나를 노려보고 있었던 것이다(절벽은 성벽 바로 아래에 있었다). 내게 카메라를 고정한 채 '점프!'를 외쳐댔다. 뛰지 않으면 카메라를 던질 기세였다.

사면초가였다. 내게 선택권은 없었다. 눈을 감고 발을 땠다. 아까보다 타격이 컸고 소금물은 콧속을 넘어 뇌를 침범하려 했다. 그래도 죽지는 않았다. 10cm에서 뛰든, 4m에서 뛰든 바닷물이 짠 건 매한가지였다. 걱정을 해대며 머리를 굴려 봐도 바다는 그냥 바다였다. 자연은 늘 그대로인데 걱정은 인간만 한다. 주야장천 소개팅을 나가대도 정작 짝은 다른 곳에서 나타나는 것처럼.

여자 삼인방은 그 짓을 여섯 번이나 더 했다. 나 역시 그들을 따라 점프를 해댈 수밖에 없었다. 매번 머뭇거리는 나에게 그녀들이 외쳤다. "Don't think. Just jump!" 두브로브니크에서의 마지막은 재밌게 짰다.

절벽 앞에 선 조나단

부들부들 떨고 있다

절벽다이빙 멤버

🧳 코토르(몬테네그로) & 티라나(알바니아) 들어는 봤는가

두브로브니크의 인연은 계속됐다. 남은 발칸반도 여정을 안드레아스, 이사벨과 함께 하기로 했다. 먼저 출발한 그들을 뒤따랐다. 목적지는 몬테네그로 코토르, 생소한 도시였다. 지구상에 존재하는지도 몰랐다. 우연히 마주친 인연이 더 짜릿하다고 했던가. 엉겹결에 도착한 코토르는 예상을 뛰어넘었다. 철옹성으로 둘러싸인 올드타운은 미로를 이루고 있었다. 뒷산에는 긴 산성이 늘어졌다. 성 밖에 놓인 작은 항구는 중세의 흥취를 더했다. 흡사 로빈후드의 근거지 같았다. 길거리엔 고양이로 득실댔다. 길 고양이들은 노천카페에 앉아 있는 사람들 무릎으로 서슴없이 뛰어들었다. 빛바랜 성벽 밑에 동물과 사람이 공존하다니. 론리 플래닛(여행 전문 서적)에서 2015년 최고의 관광지로 선정할 만 했다.

그날 밤 역시 와인을 섭취했다. 낮에는 인권변호사이나 밤만 되면 주정뱅이로 돌변하는 안드레아스 덕분이었다. 한국에 돌아갈 날이 9일 남았건만, 이러다 알코올 중독자가 되는 건 아닌가 싶었다. 그래도 혼자였던 내게 일행이 생겼다는 건 기분 좋았다. 다만 씁쓸한 게 있다면 이사벨이 한국에 대해 많이 알고 있다는 것이었다(미국인 이사벨은 부산에서 3년간 살았고 한국어도 꽤나 잘했다). 정치학이 전공인 이사벨은 한국 정치를 안주거리로 쏟아냈다. 함께 앉아있던 이들이 흥미를 보였다. 특이한 구조 같단다. 달짝지근한 와인 끝에 씁쓸함이 올라왔다.

와인으로 가득 찬 배를 두드리며 눈을 떴다. 아침 7시 반, 힘겹게 로비로 내려갔다. 이사벨과 했던 약속 때문이었다. 만취했던 나는 멋모르고 산성에 오르자 했던 것이다. 그것도 아침 8시에! 로비에 도착했다. 이사벨 옆에 또 다른 여자가 앉아있었다. 미국인 레이첼이었다. 전날 밤 와인을 같이 마신 멤버란다. 물론 기억이 나지 않았다. 커피로 알코올을 씻어보려 했다. 비가 창문을 때려댔다.

비에 젖은 대리석 길바닥은 만질만질함을 넘어 미끈거렸다. 발목에 힘을 주며 걸어야 했다. 산성 입구에 다다랐다. 궂은 날씨임에도 많은 사람들이 있었다. 그날 아침, 크루즈를 타고 코토르에 도착했던 중국인들 때문만은 아니었다(중국인은 어떻게든 나타났다). 코토르 현지인들이 더 많았다. 알고 보니 그날은 1년에 한 번 있는 축제날이었다. 코토르 사람들은 각자 야생화 하나씩 챙겨들고 산성으로 향했다. 산 중턱에 있는 작은 성당에 가기 위해서였다. 이유는 간단

산성에서 내려다 본 몬테네그로 코토르

했다. 성당에 있는 마리아 상에게 축성을 받아야 한단다. 그래야만 1년 내내 평화가 깃든다고 믿기 때문이었다. 울퉁불퉁 거리는 산을 올랐다. 작은 성당이 모습을 드러냈다. 사람들이 꽃에 기운을 불어 넣기 시작했다. 남녀노소 할 것 없었다. 성당 앞은 사람들을 따라 온 고양이들로 북적거렸다. 고양이들은 기도에는 관심이 없었다. 관광객들이 던져주는 먹이에만 집중할 뿐이었다. 쉴 틈 없이 미래를 걱정하는 우리와 달리 동물들은 현재에만 집중했다. 우리나 고양이나 같은 현재에 머무르는데도 말이다.

산성을 내려왔다. 코토르에서의 마지막 순간이 다가왔다. 일주일 안에 이스탄불로 가야했기 때문이다. 그곳엔 마지막 비행기가 기다리고 있었다. 80여일의 여정이 끝나갔던 것이다. 두브로브니크에서 만난 안드레아스와 이사벨, 그리고 전날 밤 와인 멤버였던 미국인 레이첼과 팀을 꾸렸다. 배낭을 챙겨들었다. 미리 신청해둔 국경택시 (카풀에 가깝다)에 올랐다. 알바니아의 수도, 티라나로 가기 위해서였다. 역시나 생소한 도시였다.

알바니아에 대해 아는 것이라곤, 영화 '테이큰'의 악당들이 이 나라 출신이었다는 것밖에 없었다. 그래도 끌렸다. 우선 티라나라는 이름이 마음에 들었다. 언뜻 들으면 공룡이름 같지 않은가. 가장 흥미를 자극했던 건, 알바니아가 다른 발칸 국가들과 문화적으로 전혀 다른 정체성을 지니고 있단 점이었다. 주변 국가들과 적대적일 정도라고 했다. 그래서였을까. 알바니아로 넘어가는 길은 험난했다. 산을 몇 개나 넘은 건지 모르겠다. 어디로 팔려가는 건 아닌가란 걱정이 들 정도였다. 국경에 다다랐다. 긴장감마저 올라왔다. 국경 검문소가 5분마다 정전됐기 때문이다. 이 나라가 당최 어떻게 생겨먹었

코토르의 한 성당으로 가는 길

코토르 축제

는지 궁금해졌다.

국경을 통과하는데 두 시간이나 걸렸다. 기어코 티라나에 도착했다. 국경 검문소가 정전되는 나라치고는 양호했다. 광장은 나름의 웅장함을 뽐냈다. 주변엔 동상 몇 개가 보였다. 유리로 외벽을 덮은 현대식 건물도 더러 있었다. 곳곳에 성당과 모스크가 혼재했다. 딱 거기까지였다. 호스텔이 있다는 뒷골목으로 향했다. 사방이 공사판이었다. 도로엔 야생 개들이 활보했다. 경찰의 허리엔 곤봉대신 장총이 걸려있었다. 중세의 맛이 느껴지던 크로아티아, 몬테네그로와는 달랐다. 언어도 판이했다. '스키'를 남발하는 슬라브계 말이 아니었다. 이탈리아 언어와 흡사했다. 호스텔에 들어섰다. 난방이란 존재하지 않았다. 티라나에서 가장 좋은 호스텔이라기엔 아쉬운 상황이었다. 알바니아가 유럽의 최빈국 중 하나라는 말이 이해됐다.

레이첼, 이사벨, 안드레아스. 국경선에서 저러고들 놀았다

시종일관 추위에 시달리며 밤을 보냈다. 창밖엔 장대비가 퍼부었다. 날이 밝아왔다. 밖으로 나갔다. 배수시설은 엉망이었다. 도로 곳곳에 물기둥이 치솟았다. 장마철만 되면 침수되기 일쑤인 광화문 광장을 연상시켰다. 발목을 적셔가며 나아갔다. 전날 밤에 지나쳤던 광장이 나왔다. 광장은 노랗고 각진 건물들로 둘러 쌓여있었다. 뭔지 모를 공산당 냄새가 밀려왔다. 무료 투어 가이드가 있다는 건물 앞에 섰다. 건물 꼭대기엔 혁명을 연상시키는 그림이 박혀 있었다.

벌벌 떨고 있는 사람이 보였다. 그의 목에 명찰이 걸려 있었다. 가이드였다. 눈이 마주쳤다. '뭐 저런 놈들이 다 있어?'라는 표정이 돌아왔다. 하긴 그 장대비를 뚫고 관광을 하겠단 우리가 보통내기는 아니었다. 가이드를 따라 걷기 시작했다. 온몸이 홀라당 젖어갔다.

하늘에서 비를 쏟았다면 가이드는 침을 쏟아냈다. 그의 말에 귀를 기울였다. 알바니아의 속살이 드러나기 시작했다. 예상한대로 알바니아 사람들은 여타 발칸반도 사람들처럼 슬라브계가 아니었다. 이탈리아에서 넘어왔다고 보는 게 맞았다. 그랬기에 '남(南) 슬라브인들의 연합'을 표방하며 유고연방이 들어섰을 때, 알바니아는 제외됐다. 대신 독립적인 공산당 정부가 들어섰다. 그게 단절의 시작이었다. 공산당 독재세력은 소련에게까지 등을 돌렸고 중국과도 사이를 틀었다. 유일하게 친한 나라가 있었다면 북한이었다. 단절은 고립으로 이어졌다. 물자는 떨어졌다. 정부가 국민들의 저녁 메뉴를 정해줄 지경에 이르렀다. 그 와중 독재자가 죽었다. 기가 막힌 타이밍이었다. 당시는 소련이 붕괴되던 시점이었기 때문이다. 알바니아 공산당은 자연스레 무너졌다. 대신 자유주의 노선을 채택한 정부가 들어섰다. 이제는 미국과 손을 잡고 EU 가입까지 희망할 정도가 되었다

(티라나 중심부엔 조지 W 부시 거리가 있다!). 물론 주변 국가와는 여전히 살얼음판을 걷고 있다. 경제도 여전히 어렵다. 여러모로 혼란을 겪고 있는 중이란다.

마냥 남일 같지는 않았다. 우리에겐 북한이 있지 않은가. 북한은 소련이 망하든, 중국이 문을 열든, 아랑곳 하지 않았다. 공산주의를 파시즘으로 승화시켰다. 북한이 언제 변할지는 그 누구도 예측하기 힘들어졌다. 갑자기 북한이 열리게 되면 어떠할까. 알바니아가 겪은 혼란보다 몇 갑절 센 혼돈이 몰아치는 건 아닐까.

그날 밤 일행과 영화관에 갔다. 최신 007 시리즈를 보기 위해서였다. 영국 영어는 당최 알아들을 수 없음을 절감했다. 자연스레 고개가 돌아갔다. 주변 사람들이 보였다. 알바니아 사람들은 팝콘을 씹으며 영화를 즐기고 있었다. 혼돈과 경기침체를 겪고 있다는 그들이었다. 그래도 어린 독재자에게 시달리는 사람들에 비해선 나아 보였다. 북한에게 장밋빛 미래를 기대하는 건 정말 판타지인 걸까.

영화가 끝났다. 늘 그렇듯 50대를 바라보는 남자가 20대 미녀를 꾀는 건, 지나친 판타지였다.

티라나 길거리에 있던 과거에 쓰였던 벙커

알바니아의 수도 티라나. 사방이 공사 중이었다

티라나의 혁명을 연상시키는 건물외벽

프리슈티나 코소보라고 아는가

한 코미디 프로그램에서 황당한 주제로 토론하는 걸 본 적이 있다. 주제는 시끄럽게 우는 아기를 버스에 태워야 하느냐 마느냐 이었다. 당시 나는 당연히 아기를 태워야 한다는 입장이었다. 그런데 실제로 그런 일이 벌어졌다. 프리슈티나 행 버스 안에서였다. 잠에 빠져드는 찰나, 한 아이가 울부짖기 시작했다. 참자 싶었다. 그러나 3시간가량 지속되는 울부짖음은 견디기 힘들었다. 결국 한숨도 잘 수 없었다. 창밖으로 보이는 풍경을 바라봤다. 햇빛을 머금은 강은 번쩍거렸다. 산꼭대기는 하얀 눈으로 덮여 있었다. 고개를 돌려봤다. 두브로브니크 멤버들(안드레아스, 이사벨, 레이첼)도 괴로워했다. 그들 역시 뜬 눈으로 창밖을 응시했다. 그렇게 코소보에 가까워져 갔다.

코소보로 넘어가던 길. 우는 아기 덕에 풍경 하나는 실컷 구경할 수 있었다

코소보의 수도 프리슈티나에 도착했다. TV 다큐멘터리와 고등학교 세계사 시간에나 듣던 도시였다. 코소보는 나라인 듯 나라 아닌 나라 같은 나라였다. 인접국 세르비아와 처절한 전쟁을 겪었던 이 나라는 최근에서야 나라로 인정받았단다. 물론 EU와 미국에게서 만이었다. 국경을 맞댄 세르비아와 저 멀리 러시아는 그러지 않았다. 이유는 간단했다. 내전 당시 러시아는 세르비아를, 미국은 코소보를 지지했기 때문이다. 이러한 연유로 지도 속 코소보 국경은 점선으로 표시되어 있었다. 국경을 맞댄 세르비아와 코소보 사이에 오갈 수 있는 통로는 단 하나도 없었다.

숙소를 찾아가는 길이었다. 거리는 유럽풍도, 공산주의 풍도 아니었다. 뭐랄까. 신생국가 같았다는 게 적절한 표현이겠다. 프리슈티나 사람들은 동양인인 내게서 눈을 떼지 못했다. 차 안에 있는 사람들조차 나를 훑고 지나갈 정도였다. 당시 나는 이틀간 씻지 못한 상태였다. 허나 그걸 알아챈 눈치는 분명 아니었다. 가로수 옆으로는 붉은 깃발들이 내걸려 있었다. 알바니아 국기였다(코소보는 알바니아계 사람들이 세운 나라다). 중앙도로에 도착했다. 서울로 치면 세종로였다. 도로 이름은 '빌 클린턴'이었다. 교차로엔 클린턴 동상이 서 있었다. 그 옆엔 여성 의류점이 들어서 있었다. 가게 이름은 '힐러리'였다. 두 브로브니크 멤버 중 미국인이었던 이사벨과 레이첼의 눈이 커졌다. 미국에서도 볼 수 없는 광경이란다. 문득 인천에 있는 맥아더 동상이 떠올랐다.

호스텔에 짐을 풀었다. 이곳 역시 난방이란 개념 자체가 없다는 걸 알 수 있었다. 다시 거리로 나왔다. 색다르긴 했으나 처참하지는 않았다. 알바니아 티라나의 거리와 비슷했다. 다큐멘터리에 나오던

프리슈티나의 빌 클린턴 동상. 프리슈티나는 미국이 아니다

불타는 건물들과 시체가 널브러진 도로는 보이지 않았다. 전쟁(대학 살이라고도 불린다) 종식 후 20여 년이 지났기 때문이리라. 거리에 깔린 수입차들은 신호등을 무시하기 일쑤였다. 양옆으론 상점이 늘어섰 다. 가격표는 환상적이었다. 신생국답게 저렴했다. 코카콜라 1리터 가 1,000원도 하지 않았던 것이다! 망설임 없이 콜라를 집어 들었 다. 점원 아저씨가 웃어보였다. 내가 자기 가게에 온 첫 동양인이란 다. 가게 밖으로 나갔다. 미국을 형상화한 동상들이 끊이지 않았다.

코소보 국립 박물관으로 향했다. 도대체 이 나라에 무슨 일이 벌 어졌던 건지 궁금했다. 우리 넷(두브로브니크 멤버)은 '코소보 사태'라는 사건의 이름은 알고 있었다. 그 이상은 우리 중 누구도 몰랐다. 누가 누구를 대학살했다는 것이고, 그 일은 왜 일어났던 것인지. 또 동양 인이라는 이유만으로 관심을 받을 만큼 코소보가 폐쇄적인 나라가

임시 박물관으로 사용되고 있는 버스

된 이유는 무엇인지. 궁금했다. 박물관에 도착했다. 공사 중이란다. 버스를 개조해 임시 전시실을 마련했을 뿐이었다. 임시 전시관이란 버스에 들어 가봤다. 전통 토기 몇 개가 눈에 들어왔다. 결국 의문은 풀리지 않았다. 돌아 나왔다.

베를린에 베를린 장벽이 있었다면 프리슈티나에는 'NEW BORN' 이란 동상이 있었다. 코소보 독립을 축하하는 의미였다. 그 앞에 섰다. 말 그대로 '뉴 본'이었다. 첫 번째 N부터 마지막 N까지, 알파벳 일곱 개를 동상으로 세워놓았다. 동상은 낙서로 가득했다. 주로 평화를 염원하는 내용이었다. 세르비아를 욕하는 내용도 빈번하게 보였다. 알파벳 일곱 개에 들어있는 사연이 보통내기가 아닌 듯했다.

안드레아스가 입을 열었다. 코소보 외곽의 한 도시에는 전혀 다른 동상이 있다고 했다. 알파벳 개수가 일곱 개인 건 똑같단다. 대신

NEW BORN 동상. 안드레아스가 유심히 쳐다보고 있다

'MISSING'이란 동상이 서 있다고 한다. 그 동상을 세운 사람들은 알
바니아계가 아니었다. 코소보에서 비주류를 이루고 있는 세르비아
계 사람들이란다. 같은 나라 안에서 서로 다른 민족들이 첨예하게
갈려 있었다. 각각 '탄생'과 '상실'을 동시에 부르짖고 있었다. 그곳
이 코소보였다.

숙소로 돌아갔다. 비록 난방 시설은 없었으나 침대는 깨끗했다.
낮잠을 잤다. 일어나 보니 시끄러운 소리가 밀려들었다. 호스텔 아
래층에 마련된 바에서 올라오는 소리였다. 내려 가봤다. 프리슈티나
젊은 남녀들이 휴일을 불태우고 있었다. 살육으로 얼룩진 땅이라도
살아남은 자의 삶은 계속되는 모양이었다.

두브로브니크 멤버들이 보였다. 한쪽 구석에 모여 있었다. 새 멤

프리슈티나 거리

버를 영입한 듯했다. 여대생으로 보이는 두 명이었다. 코소보 사람
이었다. 그들에게 우리의 궁금증을 던져보았다. 담배를 뻑뻑 피워대
던 그녀들이 입을 열었다. 자기들은 올해 열아홉이 된 고등학생이라
고 했다(고등학생이 술집에 앉아 담배를 태우다니!). 그녀들이 내뱉는 말에 집
중해봤다.

대학살(여고생의 표현)이 일어나던 90년대, 자기는 엄마 뱃속에 있었
단다. 그녀의 어머니는 눈앞에서 강간과 살육을 목격했다. 자기 눈
앞에서 가족이 죽는 걸 본 사람도 많았다. 이 정도는 약과였다. 세르
비아 군인들은 죽은 시체까지도 강간을 하곤 했단다. 믿고 싶지 않
았으나 엄연한 사실이었다. 이 모든 게 불과 20여 년 전 일이었다.
코소보 사람 중 스무 살이 넘은 사람들은 모두 전쟁을 겪었던 것이

거리에서 보이던 무기들

다. 코소보 사람들의 세르비아에 대한 반감은 높을 수밖에 없었다.

그 여고생, 코소보인들이 미국을 마냥 달갑게 여기는 건 아니란
다. 미국은 내전이 한창일 땐 머뭇대다가 막바지에 이를 쯤에야 개
입했기 때문이다. 그 후엔 미국 입맛에 맞는 지도자를 앉혔다고 했
다. 그 순간, 옆에 앉은 코소보 남자가 입을 열었다. 그는 호스텔 알
바생이었다. 그래도 미국은 고마워해야 할 대상이란다. 미국이 그
정도라도 안 했다면 지금의 자기들은 없었을 테니까. 둘 사이에 논
쟁이 오갔다. 신기했다. 익숙한 논쟁이었으니까. 이역만리 떨어진
우리나라에서도 비슷한 논쟁이 일어나지 않는가. 피부색과 언어는
달라도 내용만큼은 낯설지 않았다.

공원 조형물

　나중에 안 사실이다. 세르비아만 악마였던 건 아니었다. 유고슬라비아가 존재하던 시절, 독재자 티토는 알바니아 사람들의 코소보 거주를 허용했다. 이에 힘을 얻은 알바니아계는 코소보에서 세르비아인들을 쫓아냈다고 한다. 몇 년 후, 유고연방이 붕괴됐다. 상황은 달라졌다. 세르비아가 반격에 나선 것이다. 그 과정에서 여고생이 말했던 끔찍한 사건들이 일어났다. 그녀(여고생)에게 이에 대해 물을 수는 없었다. 자기 눈앞에서 대학살을 경험한 사람에게 논리를 들이댈수는 없을 테니까. 눈앞에서 가족이 살해당한 걸 본 사람에게 어떤 논리를 세울 수 있겠는가. 인간은 감정적이기에 전쟁은 더욱 참혹했다. 소수는 이득을 얻겠지만 나머지 대다수는 트라우마를 얻는다. 그게 전쟁이었다.

여고생과 알바생의 논쟁이 막을 내렸다. 둘의 눈매가 사납게 변해 있었다. 주말을 불태우는 젊은이의 눈은 아니었다. 잠시 정적이 흘렀다. 다른 여고생이 입을 열었다. 어쨌든 코소보의 매일은 치열해졌단다. 교육열은 치솟고 있고 사람들은 악착같이 돈을 벌어댄단다. 자력이 없으면 다시 당한다는 사회적 분위기 때문이었다. 완벽한 3공화국 시절 이야기였다.

이제 코소보엔 어떤 일이 일어날까. 경제발전과 민주주의란 욕망이 반(反)세르비아 콤플렉스와 함께 치닫게 되지 않을까. 더 이상 물건이 싸니까, 동양인이란 이유만으로 대접받으니까, 좋은 곳이라고만 말할 수 없었다. 그렇게 말하기엔 너무나도 심상치 않은 미래를 풍겨대는 나라였다.

다음 날, 터키 군이 러시아 전투기를 격추했다. 이스탄불에서 한국으로 돌아가는 비행기를 타야하는 나로서는 적잖이 당황스러웠다. 하여간 발칸은 무서운 동네였다.

프리슈티나 번화가. 지나가는 사람 대부분이 대학살에서 살아남은 이들이었다

왼편에 알바니아 국기를 형상화한 옥외 광고물이 보인다. 이 나라는 어떻게 될까

스코페 베끼고 보자

　스코페는 달랐다. 코토르, 티라나, 프리슈티나처럼 아예 모르는 도시가 아니었다. 몽골 다음으로 대 영토를 거느렸던 마케도니아 제국의 수도이지 않았는가. 그렇다고 관심이 마구 솟는 것도 아니었다. 알렉산더 대왕 외에는 아는 게 없었다. 아는 거라곤 티라나에서 만난 한국인 형 N이 말해준 게 전부였다. 스코페는 짝퉁 도시라는 것. 근래 들어 마케도니아 정부는 요상한 취미를 선보이고 있단다. 외국에 좋아 보이는 것들은 죄다 베끼고 보는 게 그러했다. 스코페 도심에는 백악관을 본뜬 건물과 파리에서 사온 가로수가 있단다. 진품이라곤 광장에 있는 알렉산더 대왕 동상이 전부일 정도라고 했다.

　코소보 프리슈티나를 출발했다. 소코페로 가는 길은 멀지 않았다. 역시나 봉고 버스를 타야 했지만 2시간도 걸리지 않았다. 국경 검문도 수월했다. 숙소에 짐을 풀었다. 다음 날이 밝았다. 짝퉁 도시를 하루 종일 보고 싶진 않았다. 마케도니아 국립공원 마트카로 향했다. 시내버스에 올랐다. 런던 2층 버스를 본뜬 모양이었다. 겉모습만 같을 뿐 내부는 형편없었다. 난방은 전혀 되지 않았다. 입김이 풀풀 날렸다. 그날 역시 두브로브니크 멤버들과 함께했다. 새로운 멤버도 생겼다. 알래스카에 산다는 미국인 제이슨이었다. 그가 놀라운 얘기를 꺼냈다. 현재 마케도니아는 우리가 알고 있는 알렉산더 대왕의 마케도니아가 아닐 수도 있다고 한다. 알렉산더 대왕은 그리스 북부 테살로니키에서 태어났다는 주장이 있기 때문이다. 즉 그리스인이란 것이다. 물론 그리스의 주장이었다.

그리스 측 주장이 맞을 수도 있단 생각이 들었다. 마케도니아 말씨는 슬라브계 언어에 가까웠다. 버스 밖으로 보이는 전경도 마찬가지였다. 확실히 일반적인 유럽은 아니었다. 유적지는 헬레니즘이라기 보단 오스만튀르크의 모스크를 연상시켰다. 새로 지은 건물들에선 서두른 흔적이 묻어났다. 다소 조잡했다. 물론 며칠 머무르지도 않을 내가 판단할 사항은 아니었다. 유리관에 갇혀 있다는 광개토태왕비가 생각날 뿐이었다.

종점에 도착했다. 매일 운행한다는 케이블카는 보이지 않았다. 비포장도로를 따라갔다. 투명한 물이 흐르는 협곡 위로 절벽들이 늘어서 있었다. 자욱하게 깔린 안개는 괜히 을씨년스러웠다. 절벽 사이에 난 등산로를 탔다. 수북이 쌓인 낙엽들 사이로 철광석 돌들이 번쩍였다. 중간쯤 다다랐다. 보이는 게 없었다. 안개 때문이었다. 안개에 우리의 입김을 더해 갔다. 계속해서 산을 탔다. 미약한 실루엣이 보였다. 풍화된 벽돌로 버티고 있는 오래된 성당이었다. 새소리조차

마트카. 무슨 용이라도 나올 것 같다

마트카 정상 안개에 덮여 있던 성당

들리지 않았다. 전형적인 중세 수도원의 풍경 같았다.

어둑한 밤이 돼서야 숙소로 돌아왔다. 새로운 얼굴이 보였다. 두 명의 한국인 형들이었다. 금방 친해져 버렸다. 어김없이 와인 병을 까댔다. 안주는 카드게임이었다. 며칠 전부터 갈등을 일으키던 안드레아스와 이사벨도 잠잠해졌다. 새로운 일행들이 들어와 분위기가 완화된 것 같았다. 마트카에 흐르던 계곡처럼 말이다. 좁은 계곡에서 쇳소리를 내던 물은 여러 지류와 합쳐지자 잠잠해지곤 했다.

공수되는 와인이 늘어갔다. 놀이로 시작된 카드게임은 잡다한 벌칙을 동원하기 시작했다. 주로 벌주 마시기였다. 더 이상의 음주는 무리였다. 슬며시 빠져나왔다. 아무리 짝퉁이더라도 스코페 도심을 확인하고 팠다. 짝퉁에도 등급은 매겨줘야 할 것 아닌가. 바르다르 강변으로 걸어 나갔다. 허연 건물이 나왔다. 짝퉁 백악관이었다. 그

야광색 다리

앞에 놓인 다리에는 동상들이 도열해 있었다. 마케도니아 위인들을 조각한 것이었다. 하나같이 조잡했다. 서둘러 빚은 흔적이 역력했다. 광장에 도착했다. 조잡함은 극에 달했다. 가운데엔 거대한 알렉산더 대왕 동상이 서 있었다. 주위엔 열 개가 넘는 대형 동상들이 보였다. 다들 말을 타거나 깃발을 쥐고 있는 모양새였다.

컸지만 예쁘진 않았다. 딱딱했다. TV에서나 보던 김일성 동상과 비슷하다고나 할까. 김일성 동상 제작자가 손수 만든 게 아닐까 싶을 정도였다. '선전'의 냄새가 짙게 밀려들었기 때문이다. 공부 안 하는 학생이 거창한 계획표만 자랑하는 듯했다(내가 그랬었기에 잘 안다). 뒤로는 오래된 다리 하나가 놓여 있었다. 연두색 조명을 받아내는 중이었다. 완벽한 야광 팔지 색이었다. 조명이 없는 게 훨씬 좋았을 것 같았다. 다리를 건넜다. 오래된 시장이 나왔다. 시장 골목만은 조

스코페 골목

잡하지 않았다. 가짜의 냄새가 나지 않았다. 그들다운 모습을 유지하고 있었다. 다소 거칠었으나 그들답기에 좋아 보였다. 직접 쐬는 해는 따스하나 유리에 튕겨져 나온 햇빛은 차갑다.

다음 날 역시 숙취를 호소하며 깼다. 로비엔 한국인 형 T가 있었다. 자연스레 대화가 시작됐다. 알코올에 젖어 의성어를 남발하던 전날 밤과는 달랐다. 깊은 내용이었다. 그는 런던에서 인류학 박사 과정을 밟고 있다고 했다. 연구차 발칸반도를 돌아보고 있단다. T는 현재 발칸반도가 혼돈 그 자체라고 했다. 유고연방 붕괴 후 밀려든 혼돈이었다. 그 결과 모든 유고 연방 출신 국가들에게서 국가주의 냄새가 올라오고 있단다. 국가주의를 내세워 사람들을 묶으려 하는 것이다. 무식하게 늘어선 스코페 동상들이 그 증거였다. 얼마 전엔 SNS에 마케도니아 정부 비난 글을 올린 중년 여성이 처벌을 받기까

거대하긴 한데 뭔가 어색하다. 일단 크게 짓고 본 것 같다

지 했단다. 왜들 저러나 싶었다. 씁쓸함이 느껴졌다. 우리 모두는 20세기에 일어난 국가주의의 폐단을 익히 알고 있지 않은가. 아우슈비츠에 갔던 기억이 떠올랐다.

터미널로 향했다. 불가리아의 수도 소피아로 가기 위해서였다. 커다란 마케도니아 깃발이 눈에 들어왔다. 뭔가 익숙한 문양이었다. 제국주의 시절 일본의 욱일승천기를 주황색으로 바꾼 것만 같았다. 물론 그런 의미를 담은 건 아닐 게다. 우연한 일치였을 것이다. 그래도 찝찝함은 사라지지 않았다.

🧳 이스탄불 여기나 저기나

이스탄불로 넘어가기 전, 불가리아 수도 소피아에 들렀다. 소피아는 이름처럼 아름다운 도시라고 했다. 그러나 내겐 시간이 없었다. 이스탄불에서 타야 할 비행기 시간이 얼마 남지 않았다. 바야흐로 유럽을 벗어나는 비행기였다. 잠시 머물게 된 소피아. 하루 종일 비가 퍼부었다. 비를 뚫고 워킹투어에 참가해봤다. 거리에는 교회와 공산당 시절 건물이 어울려 있었다. 명품가게들도 흔했다. 지하철도 돌아가고 있었다. 코소보와 마케도니아에선 볼 수 없던 광경이었다. 유고연방에 편입되지 않았기에 빠른 발전이 가능했단다.

불가리아 수도 소피아. 명품 브랜드 '불가리'는 불가리아와 아무 관련이 없었다

10일 넘게 함께했던 두브로브니크 멤버(안드레아스, 이사벨, 레이첼)와 작별인사를 나눴다. 마지막 버스를 탔다. 터키 국경에 도달했다. 삼엄했다. EU 국경에서 벌어지는 묻지 마 여권도장 찍기는 없었다. 모든 이가 짐을 까뒤집어야 했다. 경찰들은 눈에 불을 켜가며 배낭을 뒤져댔다. 사나웠다. 러시아 전투기도 서슴없이 박살내는 나라다웠다. 무사히 검사를 마쳤다. 유럽의 끝, 이스탄불이 다가왔다.

　　이스탄불 버스 터미널에 도착했다. 비가 쏟아졌다. 여행의 마지막을 달리고 있어서였을까. 무력감이 온몸에 흘러내렸다. 돈도 예상 외로 많이 남았겠다, 택시를 잡았다. 숙소가 표시된 지도를 들이밀었다. 기사 아저씨가 고개를 저었다. 경력 10년 차인데도 어딘지 모르겠단다. 하릴없이 택시를 빠져나왔다. 무기력감이 한껏 더해졌다. 여행도 할 만큼 한 것 같은데 언제까지 이래야 하나 싶었다. 그 순

블루모스크. 러시아 전투기가 격추 된지 이틀 후, 이스탄불에 떨어졌다

간, 한 청년이 다가왔다. 그의 이름은 에라이(당시 내 심정을 잘 대변하는 이름이었다). 도움이 필요하냐고 물었다. 눈물을 글썽이며 그렇다고 했다. 그는 내 목덜미를 부여잡았다. 트램 속에 날 집어넣었다. 감사함이 치솟았다. 생명의 은인 격이었건만 '잘 지내'란 말만 남기고 사라졌다. 진정한 귀인은 화려한 명함부터 내밀고 보지는 않나보다.

호스텔은 그야말로 처참했다. 침대 커버는 1년째 교체되지 않는 듯했다. 샤워기는 온수는커녕 냉수조차 쏟아내지 못했다. 이따금씩 졸졸댈 뿐이었다. 무조건 싼 게 비지떡은 아니었음을 절감했다. 누군가 내게 말을 걸었다. 시리아에서 온 친구였다. 그러고 보니 숙소에 아랍계 사람들이 많았다. 대부분이 IS에게 고향이 점령되어 발이 묶인 상태였다. 대학까지 졸업한 이도 많았다. 비 점령지에서 직장을 구하면 돌아갈 예정이란다. 다만 그게 언제일지는 모르겠다고 했다. 몇 달 째 가족과 연락이 닿지 못하고 있다는 말을 대수롭지 않게 내뱉었다. 문득 시리아 영부인에 관한 뉴스가 생각났다. 난민이 발생하든 말든 모르쇠였다. 명품으로 치장하며 삶을 즐기고 계시다. 그녀의 남편인 시리아 대통령은 말할 필요도 없었다.

아무리 무기력하더라도 누워있을 수만은 없었다. 이스탄불의 상징, 블루 모스크로 갔다. 푸른 돔이 겹겹이 쌓여 있었다. 모스크 주위를 여섯 개 탑이 둘러싸고 있었다. 탑에 얽힌 이야기는 흥미로웠다. 당시 오스만튀르크 술탄(황제)은 금으로 치장한 이슬람 사원을 원했단다. 그러나 건축가는 그럴 수 없다고 판단했다. 징수해야 할 세금이 너무 많았기 때문이다. 건축가는 황금대신 숫자 '6'을 떠올렸다(터키어에서 '금'과 '6'은 발음이 비슷하다고 한다). 때마침 맞은편에 있는 동로마 시절의 유적, 아야소피아 성당의 탑은 네 개였다. 건축가는 탑 여섯 개를 세우는 건 술탄의 지위를 높이는 데 효과가 있을 거라 말했다. 술탄은 그에 수긍을 했다. 그 결과 지금의 블루모스크가 세워졌다. 사람들의 사정을 고려한 건축가 덕분이었을까. 블루모스크엔 여전히 사람들로 넘쳐났다. 쉴 새 없이 드나드는 신자들을 바라봤다. 종교가 어떻든 간에 사람들이 소원을 비는 모습은 비슷했다. 절실하고 영원했다. 언제 이뤄질지는 아무도 모른다. 그래도 소망을 놓지 않는 듯했다.

다음 날, 햄버거라고 거짓말하는 케첩 발린 빵을 씹었다. 대규모 재래시장에 도착했다. 시장은 '그랜드 바자르'라는 이름을 가지고 있었다. 오만가지 물건들이 보였다. 음식과 옷가지는 기본이었다. 중고 핸드폰까지 있었다. 물론 장물이었다(최신 중고 아이폰이 10만 원이라니!). 사방에서 달콤한 유혹이 밀려들었다. 소위 삐끼라고 불리는 이들이었다.

이스탄불에는 삐끼가 많았다. 다들 상당히 젠틀했다. 그들은 온화하게 다가왔다. 아야소피아를 지날 때였다. 청년 한 명이 말을 걸어왔다. 어디서 왔냐고 물었다. 한국에서 온 여행객이라고 했다. 자기도 여행을 좋아한단다. 숙소, 음식, 교통 관련 에피소드를 던지며 여행객의 공감을 이끌어냈다. 그렇게 동화가 되어 갈쯤, 작전이 시작됐다. 가족이 어떻게 되냐고 물었다. 대답을 해줬다. 선물을 사야 하지 않겠냐고 물어왔다. 자기 가족이 어떤 가게를 운영하는데 싸게 해주겠단다. 안면을 튼 상태라 매정해지기 어려웠다(물론 가난한 배낭여행자인 나는 매정해질 수밖에 없었지만). 옆을 보니 몇몇 관광객들이 끌려가고 있었다. 다들 뭘 좀 아는 삐끼들이었다.

하늘이 차츰 어두워져 갔다. 기도 시간임을 알리는 기도문이 사원

그랜드바자르

모스크 밖 손발을 씻는 장소

스피커에서 퍼져 나왔다. 순식간에 모든 이가 엎드릴 줄만 알았다. 상상일 뿐이었다. 그 누구도 신경 쓰지 않았다. 오히려 나만 반응하고 있는 듯했다. 다들 자기 일에 바빠 보였다. 다시 걸었다. 흑해가 나왔다. 바다 건너는 아시아라고 했다. 외관상 아무런 차이가 없었다. 유럽 쪽에 있던 이슬람 사원은 아시아 쪽에도 있었다. 그 외의 건물들도 다를 게 없었다. 유람선은 쉴 새 없이 두 대륙을 오갔다. 둘은 다른 대륙이기 이전에 같은 나라, 같은 도시였다. 땅은 그냥 땅이었다. 그런데 사람들은 그 위에 선 긋는 걸 좋아하나보다. 초등학교 시절, 짝에게 선을 넘었다고 맞았던 기억이 떠올랐다. 생각해보면 억울한 일이었다. 선을 넘었다고 때릴 이유는 딱히 없으니까. 괜한 분란이었다.

숙소를 옮기기로 했다. 호스텔이 마음에 안 들었던 게 컸다. 물론 다른 이유도 있었다. 레이첼과 재회하기로 했기 때문이다. 불가리아에서 헤어졌던 두브로브니크 멤버 중 한 명이었다. 그녀가 머무른다는 곳으로 향했다. 술탄아흐멧 지구(블루모스크가 있는지역)를 벗어났다. 탁심지구로 이동했다. 술탄아흐멧이 인사동이었다면, 탁심은 강남이었다. 구시가지 느낌은 사라졌다. 소규모 가게 대신 브랜드 상점들이 나타났다. 계획 도시 느낌이 물씬 풍겼다. 덕분에 쉽게 숙소를 찾을 수 있었다. 방으로 안내됐다. TV와 주방은 기본이었고 개인 화장실까지도 비치되어 있었다. 이번 여행 중 처음이자 마지막으로 1인실을 얻었던 것이다. 유럽에서의 마지막 밤을 보내기에 적절했다. 비싼 방값은 잊자 싶었다.

죽기 전에 꼭 와봐야 한다는 이스탄불에 있었건만, 한 게 없었다. 블루모스크, 아야소피아, 그랜드 바자르에 가본 게 다였다. 그럼에도 아무것도 하고 싶지 않았다. 남은 라면을 처리한 후 드러누웠다. 노트북으로 우리나라 예능 프로그램을 돌려봤다. 집 갈 때가 되었다고 만판이었나 보다.

가까스로 노을을 보러 나갔다. 유럽에서 보는 마지막 노을일 수도 있었다. 아시아에서 솟았던 해는 유럽 쪽으로 떨어지고 있었다. 넓은 하늘이 오만가지 색으로 뒤덮였다. 뭐라 표현해야 할지 모르겠다. 그 색감을 글로 옮길 수 있을 때가 되어야 '나 글 좀 씁니다.'라고 말할 수 있을 것 같았다. 넓고 찬란한 하늘에 비해 나는 속 좁은 잿빛이다.

해가 떨어졌다. 허전함이 밀려왔다. 마지막이란 게 실감이 나지 않았다. 아쉬움도 달랠 겸 사진들을 훑었다. 별 짓을 다 했었다. 올해 초 방콕까지 내달렸던 아시아 여행은 그나마 덜했다. 같은 아시아였기에 이질감이 적었다. 유럽은 달랐다. 모든 게 파격이었다. 매일이 짜증으로 가득 찼다. 매일 밤 이 짓을 왜 하고 있는 건지 자문하기 일쑤였다. 그러나 사진을 보다 보니 그런 마음이 사그라졌다. 짜증은 추억으로 둔갑되어 갔다. '그래도 좋았었는데'라는 느끼한 멘트가 튀어나왔다. 참기 힘든 감성모드였다.

느끼함은 오래가지 않았다. 다시 만나게 된 두브로브니크 멤버 레이첼과 술을 풀 때였다. 예상만큼 반갑지는 않았다. 오히려 어색함이 감돌았다. 다시 안 보는 게 좋았을 수도 있었겠단 생각이 들었다. 이번 여행에 대한 내 감정도 비슷할 게다. 지금이야 아련하지, 막상 돌아간다면 육두문자를 남발할 게 뻔하다. 그렇게 생각하니 한결 편해졌다. 미련 없이 유럽을 뜰 수 있을 것 같았다. 마음이 놓였다.

물론 방심하기엔 일렀다. 내가 탈 비행기는 세계에서 여섯 번째로

하여간 석양은 어디나 괜찮다

위험한 항공사의 비행기였다. 타기 직전에야 알게 된 사실이었다. 비행기가 떠올랐다. 양 날개가 푸드득거렸다. 비둘기와 별반 다를 게 없었다. 게다가 도착지는 인천이 아니었다. 카자흐스탄에서 18시간을 경유해야 했다(카자흐스탄에 대해 아는 건 단 하나도 없었다). 하여간 이놈의 여행은 끝까지 긴장을 늦출 수 없었다.

창밖을 바라 봤다. 이스탄불 야경이 깜박댔다. 그동안 봤던 야경 중 가장 훌륭했다. 유럽은 다시 올만한 곳임에 틀림없었다. 한 20년 후쯤이면 적당할 듯싶었다. 그 전엔 무리인 듯했다.

동쪽이나 서쪽이나 똑같은 이스탄불이었다

CHAPTER 4
카자흐스탄

알마티 카페 강남

맥주를 양껏 마셨다. 쉼 없이 파닥대는 공포의 비행기 날개 때문이었다. 그렇게 잠에 취하다 눈을 떴다. 창밖을 봤다. 무슨 우주였다. 달빛은 핀 조명을 이루며 내리쬈다. 옆으론 별들이 도열했다. 밑에는 구름이 끼어 있었고 사이사이로 또 다른 별들이 박혀 있었다. 저 멀리 붉은 빛 하나가 깜빡거렸다. 비행기 한 대가 내뿜는 불빛이었다. 창밖으로 보이는 유일한 인공물이었다.

"쑹뚜릉뚜릉스키?" 승무원이 말을 걸어왔다. 외계어, 아니 카자흐스탄어였다. 당최 못 알아듣겠단 표정을 지어줬다. "빵싱꽁끼뚜릉?" 승무원이 다시 말했다. 아무래도 나를 카자흐스탄 사람으로 착각했던 모양이다. 풀린 눈으로 여권을 찾아 보여줬다. 승무원이 화들짝 놀랐다. 한 치의 의심 없이 카자흐스탄 사람인줄 알았단다. 내 얼굴은 정말 범세계적인 얼굴인가 보다(나는 아프가니스탄 사람이냐는 말을 아프가니스탄 사람에게 들은 적이 있다!). 물론 그게 다는 아니었다. 객실 안에는 동 아시아계 얼굴을 지닌 카자흐스탄 사람들이 많았다. 위로는 러시아를, 아래로는 중국을 맞댄 카자흐스탄 사람들다웠다. 확실히 유럽을 벗어난 기분이 들었다.

알마티 공항은 외국인에게 종이 쪼가리를 하나씩 나눠줬다. 입국심사카드였다. 영어 따위는 찾아볼 수 없었다. 키를 문자로 가득할 뿐이었다. 눈치껏 성별 란과 이름 란을 찾았다. 그 외에는 빈칸으로 남길 수밖에 없었다. 적잖이 찜찜했다. 입국 심사대로 들어섰다. 주변을 둘러봤다. 혹여나 나와 같은 처지에 놓인 이가 있을까 해서였다. 1분 만에 동지를 찾았다. 출장 차 카자흐스탄에 왔다는 루마니아인 브라소였다. 그를 실험 대상으로 삼아보자 싶었다. 그의 뒤에 바짝 붙었다.

브라소는 무난히 통과했다. 내 차례가 되었다. 종이 쪼가리는 큰 비중을 차지하지 않았다. 문제는 다른 데서 터졌다. 검문소 아주머니가 내 여권을 부여잡은 채 놓지 않았다. 사진에 있는 사람과 자기 앞에 서 있는 사람(나)은 결코 같은 이가 아니란다. 급기야 나머지 직원들을 불러 모으기까지 했다. 때 아닌 단합대회가 열렸다. 대회는 5분간 지속되었다. 대장이 고개를 끄덕였다. 가까스로 카자흐스탄에 발을 디딜 수 있었다.

내게 부여된 시간은 18시간이었다. 그 중 공항을 오가는 시간을 제외한다면 대략 15시간 정도가 남은 상태였다. 막막했다. 이 나라 소식을 접할 때라곤 우리나라와 카자흐스탄 축구 대표 팀이 친선경기를 할 때가 전부였다. 급하게 인터넷을 뒤져봤다. 알마티 중심 거리 이름은 'LG 거리'이고 그 곳엔 짝퉁 카페베네가 존재한단다. 그 외는 찾을 수 없었다. 무비자 국가라는 이유로 나오긴 했지만 하루 종일 무얼 해야 하나 싶었다.

나 홀로 남겨졌단 기분이 들 때였다. ATM기기 앞에서 찰진 욕설이 들려왔다. 나의 실험 대상이었던 브라소였다. 무슨 일이냐고 물어봤다. 별 일 아니라며 욕을 이어갔다. 그나저나 브라소, 이 놈 또한 나와 비슷한 처지였다. 그 역시 경유를 하기 위해 알마티에 들렀단다. 다음 비행기를 타려면 10시간이 남았다고 했다. 우리 사이에 진한 눈 맞춤이 오갔다. 어느새 우린 시내로 가는 택시에 함께 몸을

카자흐스탄 알마티엔 LG 거리가 있었다

실었다.

택시가 멈췄다. 휑하게 뚫린 거리가 나왔다. 우리 머리 위엔 LG 광고판이 걸려있었다. 인터넷에서 봤던 LG 거리였다. 당시 시각은 새벽 6시. 유령도시가 따로 없었다. 먹을 것을 찾아 대로를 따라갔다. 가지치기라는 건 당해 본 적 없는 가로수들이 보였다. 부스스한 가로수에서 음산함이 뿜어져 나왔다. 골목으로 꺾어 들어갔다. 새벽부터 문을 연 레스토랑이 나타났다.

샐러드 한 접시, 피자 한 판이 비워졌다. 하늘이 밝아왔다. '줌' 거리(LG 거리의 본명이다)로 돌아갔다. 더 이상 유령도시가 아니었다. 상점들의 셔터는 하나같이 올라가 있었다. 음산하던 가로수는 햇빛을 받자 몽환적인 느낌을 풍겨댔다. 하나 둘 지나가는 행인들이 보였다.

브라소와 함께 도착한 카페 캉남

내가 카자흐스탄 사람으로 오해받던 게 이해됐다. 친숙한 얼굴들이었다. 중국과 가까운 지역다웠다. 그들 눈엔 투명한 갈색 빛이 맴돌았다. 몽골계 러시아인들에게서 보였던 색감이었다. 발걸음을 멈췄다. 눈앞에 가게 하나가 나타났다. 이름은 CAFE KANGNAM(카페 캉남). 이곳이 그 유명한 카페베네 짝퉁인가 싶었다.

"한쿡싸람이쉐요?" 카페에 들어서자마자 들었던 말이다. 주인아주머니는 카자흐스탄 사람이었는데, 남편이 한국인이라고 했다. 내부는 전형적인 우리나라 카페였다. 벽에 걸린 TV에선 우리나라 걸그룹 뮤직비디오가 흘러나왔다. 벽에는 엉성한 한국어가 적힌 쪽지들이 난무했다. TV 속 걸그룹에게 빠져들고 있던 브라소를 쳤다. 주문을 하기 위해서였다. 자기는 걸그룹에 집중하겠단다. 메뉴는 나보고 알아서 고르라고 했다.

카자흐스탄어, 한국어, 영어가 뒤섞인 메뉴판을 쳐다봤다. 메뉴판 너머로 벽에 붙은 폴라로이드 사진들이 보였다. 해마다 선정된 '올해의 알바생'이었다. 사진의 배경은 죄다 한국이었다. 광화문, 해운대, 강남 등 다채로웠다. 카페 강남의 사장님은 우수 알바생에게 한국여행을 보내주고 있던 것이다. 알바생이 주문을 받으러왔다. 한국에 언제 돌아가느냐고 물어왔다. 16시간 후에 비행기를 탄다고 했다. 알바생의 탄성이 들려왔다. 부러워 죽겠단다. K-pop의 효과였다. 중국, 동남아를 넘어 카자흐스탄까지, 한류가 대단하긴 한가보다. 누구는 이렇게 한국에 들어오려 애를 쓰는데, 또 다른 누구는 나가려고 기를 쓴다. 한국은 참 특이한 나라다.

브라소는 끝내 녹차라테에 적응하지 못했다. 눈꽃빙수역시 마찬가지였다. 알록달록함의 극치를 보여주는 카자흐스탄 지폐로 계산을 마쳤다. 근처에 있다는 러시아 정교 사원과 전쟁 기념 동상을 보러갔다. 먼저 사원이 나왔다. 놀이동산에서나 볼 법한 색감을 드러냈다. 모스크바 테트리스 성당과 흡사했다. 웅장한 지붕에 비해 내부는 아담한 듯했다. 그 외에 큰 감흥은 없었다. 품고 있는 이야기가 끝이 없을 사원은 완벽한 타자였던 우리에겐 아무 말이 없었다. 뒤로 물러났다. 1·2차 세계대전 참전 용사들을 기린 동상이 나타났다. 유럽에서 주야장천 봤던 동상들이 카자흐스탄에도 있었다. 괜히 세계대전이 아니었다.

사원과 기념 동상이 있던 공원을 빠져나왔다. 중앙아시아에 대해 문외한인 우리는 막막했다. 정말 할 일이 없었다. 남은 시간 동안 도대체 무얼 해야 하나 싶었다. 갑자기 브라소가 앞장섰다. 지나가는

이름모를 알마티 성당

참전용사 기념공원

여자를 붙잡는다. 한동안 대화가 오갔다. 잠시 뒤 브라소가 흐뭇한 미소를 지으며 돌아왔다. 도심에서 30분 거리에 스키장이 있단다. 높이가 3천 미터에 달한다고 했다. 저 멀리 하얀 정상을 드러낸 산이 보였다. 아까부터 보이던 산이었다. 설마 저기라고?

"다 좋은데 어떻게 가게?" 내가 물었다. 가지 말자는 의미가 다분히 담겨 있는 말이었다. 놀라운 교통수단이 있으니 괜찮다는 대답이 돌아왔다. 브라소가 차도로 뛰어들었다. 한쪽 팔을 까딱거린다. 택시는 보이지 않았다. 뭔 짓인가 했다. 그 순간, 도요타 세단 한 대가 섰다. 브라소가 차 안으로 뛰어든다. 덩달아 그를 따라 들어갔다. 차 주인이 미소를 지었다. 어디로 갈 거냐고 물었다. "스키장까지 얼마죠?" 브라소가 되물었다. "3천 원!" 아저씨가 대답했다. 얼떨결에 벌어진 일이었다. 황당했다. 남의 차에 들어 와서 뭐하는 짓인가. 알고보니 카자흐스탄 택시 대부분은 이러하단다. 오히려 택시 간판을 달고 있는 택시가 희소할 정도였다. 미터기 따위는 존재하지 않았다. 차만 가지고 있는 사람이라면 누구든 택시를 하는 모양이었다.

석유가 나는 카자흐스탄은 '스탄' 국가 중 가장 부유하다. 그런 카자흐스탄에서 가장 잘 사는 도시가 알마티였다. 그러한 도시의 택시 시스템이 이러하다니. '스탄' 국가들의 상태가 어떠할지 짐작이 되는 듯했다. 차가 출발했다. 주인아저씨가 입을 열었다. 근처에 대통령 공원이 있단다. 1990년부터 지금까지 25년간 재직하고 있는 대통령이었다. 공원 한 가운데는 그의 동상이 세워져 있다고 한다. 동상은 상당히 거대하다고 했다.

택시가 섰다. 다시금 오색찬란한 카자흐스탄 지폐를 지불했다. 곧장 곤돌라에 몸을 실었다. 산으로 올라가기 시작했다. 귀가 멍멍해

어디에 택시가 숨어 있을지 모른다. 물론 택시를 찍은 건 아니지만

18시간 경유하는 주제에 오만 데를 다 갔다

졌다. 해발 3천 미터까지 치솟는 곤돌라다웠다. 눈 덮인 봉우리들이 코앞으로 다가왔다. 밑으론 천 길 낭떠러지가 펼쳐졌다. 정상에 다다랐다. 스키 마니아들 뒤로 설국이 그려졌다. 앞에는 도시 전경이 보였다. 등 뒤로 설산을 두면서 도심을 보며 스키를 탈 수 있다니, 과거 동계 아시안게임 주최지 다운 모습이었다.

중턱으로 내려가 식당에서 파는 끓인 와인을 마셨다. 칼바람 덕에 취기가 올라올 새는 없었다. 한동안 설산을 바라봤다. 우연히 도착한 곳에서 다시금 예상치 못한 절경을 맞이한 순간이었다. 비싼 물가가 무서워 스위스를 가지 않았던 아쉬움이 사라져 갔다. 그러다가 정신을 잃었던 것 같다. 이 광경을 담겠다며 곤돌라 대신 사방이 뚫린 리프트에 오르려 했기 때문이다. 안전요원에게 한 대 맞을 뻔했다.

택시를 타고 시내로 돌아왔다. 하산하는 동안 태양도 꺼져버렸다. 사방이 어두워졌다. 브라소는 공항으로 먼저 돌아갔다. 다음 행선지로 가기 위해서였다. 짧은 인연이었으나 아쉬움은 컸다. 그와 함께 다녔기에 짧은 시간 동안 많은 걸 할 수 있었기 때문이다. 그가 없었다면 나 홀로 카페에 앉아 걸그룹만 봐댔을 게 뻔하다. 설경 구경은 생각도 못했을 것이다. 혼자만의 시간이 멋있다면 함께 보내는 시간은 맛이 있는 듯하다.

카페 캉남으로 돌아갔다. 저녁이라 젊은이들이 많이 보였다. 다시금 부담스러운 시선들을 느낄 수 있었다. 종종 한국어를 가르쳐 달라고 할 정도였다. K-pop 덕에 한국에 매력을 느끼는 듯했다. 노트북을 펼쳐봤다. 정작 우리나라는 온갖 뉴스들로 어지러워 보였다.

순간 정말 돌아가야 하나 싶었다. 저 어지러움 속에 나를 던져야 하나 싶었다. 그러나 기어코 가방을 챙겨들었다. 어쨌든 돌아가야 했다. 출발이 있으면 끝이 있다는 감상적인 멘트 때문은 아니었다. 일단 더 이상 집에 안 갔다가는 호적에서 파일지도 몰랐다. 삼수를 했기에 복학도 더 이상 미루기가 어려웠다. 우리나라에서 흥행하고 있다는, 남의 남편이 누구인지 맞추기를 조장하는, 88년 배경 드라마도 보고 싶었다. 마지막으로 우리나라가 어지럽다고 무작정 불안해할 필요는 없어보였다. 버스를 놓치고 기차를 놓쳐대도 해결책은 어떻게든 나오지 않았던가. 세계는 넓고 복잡하다지만 집에 갈 수 있는 길은 많았다. 물론 가장 중요한 돈, 돈이 없었다. 통장은 거덜난지 오래였다.

비행기가 떠올랐다. 인천행 비행기답게 사방에서 한국어가 들려왔다. 옆자리에 앉은 아저씨는 위스키로도 모자라 소주까지 찾기 시작하셨다. 이제 정말로 돌아가는구나 싶었다.

Epilogue
지하철을 타며
&
부록

Epilogue | 지하철을 타며

인천공항에 도착했다. 근 세 달 만이었다. 활주로엔 눈이 내렸다. 공항 곳곳에선 중국어가 들려왔다. 익숙한 소리였다. 한국말이 외려 어색했다. 공항을 나와 지하철로 내려갔다. 하필 퇴근시간이었다. 바글거렸다. 남의 배우자를 껴안을 수 있는 공간은 지하철뿐이란 아저씨 개그가 이해됐다. 목적지에 도착했다. 해가 지고 있었다. 우리 동네 석양 또한 유럽 못지않았다. 집이 코앞으로 다가왔다. 엘리베이터에 올랐다. 이웃이 탔다. 처음 보는 할아버지였다. 선뜻 말을 못 걸겠다. 타지에선 철판이던 얼굴이 집에 오자 녹아버렸나 보다.

며칠간 앓았다. 사실 앓고 싶었던 것 같다. 괜히 침대에서 벗어나지 않았다. 그렇게 일주일이 지났다. 살아 돌아온 거냐는 메시지가 종종 왔다. 하루 이틀 밖으로 나다니기 시작했다. 금방 일상으로 돌아갔다. 낯선 외국인 대신 질리다시피 봤던 친구들을 봤다. 그래도 좋았다. 그 와중 이 책을 쓰게 되었다. 운이 좋았다. 배낭 대신 가방을 들기 시작했다. 카메라 대신 노트북을 만지작거렸다. 관광지 대신 도서관을 기웃댔다.

하여간 변한 게 없었다. 일주일 전만 해도 카자흐스탄에 있었던 나였다. 그러거나 말거나. 지금 나는 서울에 있다. 25년 간 나고 자란 내 고향에 틀어박혀 있다. 가끔 TV에서 유럽이 나왔다. '내가 저 길 갔었나?' 싶을 뿐이었다. 채널을 돌렸다. 드라마가 나왔다. 여섯 마리 용이 날아오르는 내용이었다. 유럽 소식보다 훨씬 흥미로웠다. 시베리아 횡단열차를 타고, 야간 버스를 타며 질주해대면 뭔가 달라질 줄 알았다. 예상이었을 뿐이다. 나는 여전히 나였다. 그 이상 그 이하도 아니었다. 변한 게 없었다.

오히려 고민만 늘었다. 여행을 다녀오면, 책을 쓰게 되면, 뭔가 달라질 줄 알았다. 앞길이 훤히 보일 듯했다. 착각이었다. 여전히 미숙한 내 글에 좌절감이 밀려왔다. 글을 쓰는 직업이 내게 맞는 길이냐는 의문까지 들었다. 책을 봤다. 작가라는 직업에 대해 논하고 있었다. 답답했다. 책에 나온 작가의 모습은 내게 과분했다. 그러기엔 나란 사람과 내가 쓴 글은 조잡하기만 했다. 대신 세계를 상대로 일하는 무역업이 내게 맞지 않나 싶었다. 드라마 미생을 돌려봤다. 고졸 출신 신입사원이 종합상사에서 분투하는 내용이었다. 무역하는 사람이 늘 세계를 누비는 건 아니었다. 갑질에 시달리고 술로 스트레스를 풀어댔다. 속 좁은 내가 과연 저렇게 살 수 있을까 싶었다. 고민이 줄기는커녕 늘어만 갔다. 그동안 해왔던 짓들이 의미 없어 보였다. 살짝 부질없게까지 느껴졌다.

예전에 봤던 인터뷰 하나가 생각났다. 유시민 씨의 인터뷰였다. 그는 삶이란 본래 부질없다고 했다. 삶은 생각보다 짧고 계획대로 되는 게 많지 않기 때문이다. 그러니 힘을 빼란다. 하고픈 일을 잘하게 하는 것부터 집중해보라고 했다. 먹고 살려면 일을 해야 하니 말이다. 맞는 말이다. 어차피 부질없다면 힘을 빼볼 필요가 있었다. 힘을 빼고, 조급함을 버리고, 내게 맞는 길을 찾아봐야 한다. 그런데, 그 길은 어디에 있단 말인가.

그간의 여정을 떠올려봤다. 참 많은 버스를 놓쳐댔다. 기차도 참 많이 놓쳤다. 들어보지 못한 도시에 떨어지기도 했다. 그 와중 얻은 게 하나 있었다. 아무리 계획을 벗어나봤자 결국 길은 나왔다는 것. 계획이 무너지면 다시 세우면 그만이었다는 것. 넓고 험한 세상이지만, 그렇기에 집으로 가는 길 또한 많았다! 찾으면 그만이었다. 100일이 넘는 기간 동안 지도상 10cm에 달하는 구간을 쏘다니며 얻은 교훈이었다. 이젠 관광지 대신 내 앞길을 찾아보면 되었다. 나는 아직 대학생이니까.

그럼에도 고민은 지속됐다. 어떻게든 길이 나왔던 건 사실이다. 찾으면 그만이긴 했다. 그러나 필요한 게 있었다. 돈이었다. 돈이 없었다면 길을 찾기가 힘들었을 게다. 찾아봤자 선뜻 걸어가기 힘들었을 게 뻔했다. 그렇다면 집으로 돌아온 내게 '여행 경비'는 무엇인가. 여행지가 아닌, 내 앞길을 찾아갈 때 필요한 돈은 무얼까.

경험치가 아닐까 싶다. 순전히 내 생각이다. 군대에서 책을 읽고 블로그를 시작했다(비록 공짜 술을 마시겠다는 동기 때문이었지만). 덕분에 글을 쓰는 세계에 관심을 갖게 되었다. 신문사 인턴도 해봤다. 다신 할지 모를 여행도 해봤다. 꼴에 책을 내보겠단 욕심도 채우고 있다. 경험이 아니었다면 생각조차 할 수 없던 일들이었다. 집에 돌아온 나는 이제 무슨 경험을 쌓아가야 할까.

발로 하는 경험, 즉 여행은 당분간은 아닌 듯하다. 그간 발이 너무 고생했다. 많은 곳을 쏘다녔다. 오만 데가 굳은살이다. 그렇다면 이젠, 손으로 하는 경험을 해야 하지 않을까 싶다. 손으로 하는 경험이

란 무얼까. 혹 책은 아닐는지. 무엇이 되었건 간에 책을 읽어나가는
건 나쁘지 않을 것 같다. 어찌 되었든 군대에서 책을 펼치기 시작했
기에 여기까지 오게 되었으니까. 발은 잠시 쉴 때가 되었다. 이젠 손
이 고생할 차례다.

"넓고 험한 세상이기에 집으로 가는 길은 많았다."

　지하철을 탔다. 도서관에 도착했다. 책이 어마어마하게 많았다.
손 또한 만만치 않게 고생하게 될 듯싶었다. 주인을 잘못 만난 두
손, 두 발에게 미안해질 따름이다.

부록 | 500만 원으로 83일 유럽여행이 가능했던 이유

유럽에서 83일 간 500만 원으로 버텨냈다. 이런 말을 하면 놀라는 이가 많은 듯하다. 그러나 놀랄 일이 아니다. 서점에 가보자. 대단한 사람들이 정말 많다. 〈26EURO〉라는 책이 있다. 저자 류시형 씨는 단돈 26유로(약 3만 5천 원)로 유럽 일주를 했다고 한다. 26유로는 유럽 행 편도 비행기 값을 제외하고 남은 돈이었다. 그 후엔 친화력을 무기로 삼았다고 했다. 대단한 분이다. 나는 도저히 그럴 자신이 없었다. 내겐 야간버스, 마트음식, 값싼 호스텔만으로도 충분했다. 내겐 적당한 용기밖에 없나 보다. 밑에 tip은 나처럼 적당한 용기만 갖춘 분들께 도움이 될 듯하다.

내가 돈을 아낀 요인은 세 가지다. 교통, 숙소, 음식이 전부다. 교통은 다른 말이 필요 없다. 비행기 대신 시베리아 횡단열차를 타고 유럽으로 갔다. 대신 일주일 간 샤워를 할 수 없었다. 숙소는 특별할 게 없다. 숙소 예약 사이트들을 뒤지며 싼 방을 구했다. 가끔씩은 현지 친구 집에서 공짜로 머물기도 했다. 음식 값을 절약한 이유도 단순했다. 싼 음식을 조금씩 먹었다. 조금 더 자세히 알아보자.

〈교통〉

· 시베리아 횡단열차 이용

블라디보스토크에서 모스크바까지 러시아 철도를 타고 갔다. 돈을 아끼기 위해서는 아니었다. 한번쯤 타보고 싶다는 객기 때문이었다. 물론 가격에서 이득을 본 것도 사실이다. 가격은 한화로 35만 원에서 60만 원 사이였다(비수기, 성수기와 객실 등급, 환율에 따라 다름). 나는 3등석을 이용했다. 3등석은 복도 양 옆으로 침대가 쭉 나열된 객실이다. 방문은 따로 없다. 2등석과 1등석은 방문이 따로 있다. 즉 등석이 내려갈수록 가격은 내려가지만 거친 일들이 치솟는다. 다만 어느 등석이든 샤워는 불가하다. 24시간 동안 뜨거운 물이 나오기에 컵라면과 전투식량을 챙겨 가면 좋다.

시베리아횡단열차 예매방법 및 준비물 – http://blog.naver.com/geesan/220494098542

· 국경 버스 이용

유럽에는 국경을 넘어 다니는 버스 회사가 많다. 동유럽에서는 Ecoline버스와 Student Agency버스를, 서유럽에서는 Euroline버스와 Megabus사이트를 주로 이용했다(버스로 바다 건너 영국까지 갈 수도 있다). 해당 버스회사 웹사이트를 이용하면 쉽게 예약할 수 있다(출발지와 도착지, 자신의 인적사항을 입력하고 카드로 결제하는 방식). 예약증을 인쇄하여 버스 기사님께 보여주면 탑승이 완료된다. 가격은 예약시기에 따라 다르다. 임박해서 예약 할수록 가격이 올라간다. 나의 경우, 가장 비쌌던 가격은 70유로(약 9만 5천 원) 정도였다. 베를린-암스테르담 구간이었는데, 버스 타기 직전에 구매했기 때문이었다. 대학생의 경우

국제학생증이 있다면 할인을 받을 수도 있다. 물론 회사마다 방침이 다르다. 단 버스는 비행기와 기차에 비해 이동시간이 길다. 버스 안에 화장실이 있을 정도도. 발칸반도에서는(헝가리, 크로아티아, 알바니아, 코소보, 불가리아, 이스탄불 등) 호스텔 직원에게 문의한 후 버스터미널에서 직접 표를 샀다. 발칸반도에서는 버스 예약 사이트를 찾기 어려웠기 때문이었다. 그래도 서유럽 버스에 비하면 굉장히 쌌다.

· 동유럽

Ecoline bus- www.ecolines.net/en

Student Agency- www.studentagency.eu/en

· 서유럽

Mega bus- http://uk.megabus.com

Euroline- http://www.eurolines.com/en

· 저가항공 이용

나는 skyscanner라는 사이트를 이용했다. 이곳에 들어가 출발지와 도착지만 입력하면 가장 싼 항공편을 찾을 수 있다. 나의 경우 서울-블라디보스토크, 파리-밀라노, 로마-부다페스트, 이스탄불-알마티(카자흐스탄)-인천, 이렇게 네 번 이용했다. 빨리 예약할수록 가격은 싸다. 이스탄불에서 인천까지 올 때(카자흐스탄 18시간 경유) 한화로 45만 원을 지불했다. 저가항공사는 수화물 규정이 까다로운 편이다. 관련 규정은 우리나라 포털사이트에서 검색해도 찾을 수 있다.

Sky scanner- http://www.skyscanner.co.kr

〈숙소〉

· 값싼 호스텔 이용

호스텔 예약 사이트 부킹닷컴, 호스텔월드, 호스텔클럽을 이용했다. 사이트에 들어가 원하는 도시를 입력하면 해당 도시의 숙소가 나열된다. 그 중 가격, 중심지에서의 거리, 리뷰 등을 확인해 결정하면 된다. 부킹닷컴과 흐스텔월드는 한국어 서비스가 제공된다.

부킹닷컴 - http://www.booking.com

호스텔월드 - http://www.korean.hostelworld.com

호스텔클럽 - http://www.hostelsclub.com

· 카우치 서핑 이용

전 세계 사람들이 자신의 방을 여행자에게 무료로 제공하는 사이트이다. 그러나 무료라고 마냥 좋다고 여겨서는 곤란하다. 새로운 사람과 친목을 쌓는 커뮤니티라고 보는 게 맞다. 페이스북 계정으로 가입이 가능하다. 가입 후에는 자신의 프로필을 꼭 작성해야 한다. 프로필이 작성되지 않은 이에게 자기 방을 제공할 이는 없을 테니까. 프로필 작성 후에는 머무르고 싶은 도시를 검색한다. 해당 도시에서 자기 방을 내놓은 사람들이 나열된다. 그 중 몇 명에게 신청 메시지를 보내고 수락을 받는 방식이다. 신청하기 전, 집 주인의 프로필을 유심히 살펴봐야 한다. 그가 적어 놓은 관심사에 공감한다는 식으로 메시지를 작성해야 하기 때문이다. 그래야 집 주인 눈에 띈다. 생각해보라. 런던에 사는 사람에게 얼마나 많은 메시지가 날아들겠는가. 그런 그에게 복사 붙여넣기 방식으로 메시지를 보낸다면 채택되지 않을 가능성이 높다. 위험하지 않느냐고? 각 멤버에게는 리뷰가 달린다. 집 주인에게 남겨진 리뷰를 확인하면 그만이다. 물론 당신에게도 리뷰가 달린다. 자신에게 나쁜 리뷰가 단 하나라도 생긴다면 카우치 서핑은 포기하는 게 좋다. 즉 최대한 친절하게 행동해야 한다. 세상에 공짜는 없다.

카우치 서핑 – www.couchsurfing.com

· 친분 이용

유학 중인 친구가 있다면 더할 나위 없을 게다. 그러나 그 외에도 방법은 있다. 호스텔에 머무를 때 만나는 외국 친구와 친해질 때가 많다. 그 혹은 그녀와 페이스북 친구도 될 게다. 그런데 친구가 사는 도시에 갈 때가 생길 수 있다. 그 때 친구에게 정중히 부탁하면 그의 집에 머무를 수도 있다. 친구가 먼저 제안을 할 때도 있다(확실히 서양은 동양보다 개방적이다). 나는 이러한 방식으로 런던과 뮌헨에 사는 현지인 친구 집에 머물렀다. 물론 그가 베풀어준 호의에 걸맞게 친절히 행동해야 한다. 어글리 코리안이 되지 말자.

〈음식〉

·마트 이용

러시아와 동유럽, 발칸반도의 물가는 쌌다. 그러나 서유럽은 아니다. 북유럽은 말할 필요도 없다. 따라서 긴 여행을 하는 경우라면 매번 식당을 이용하기가 부담스럽다. 이럴 경우, 큰 마트를 이용할 것을 추천한다. 호스텔에는 주방이 있는데(적어도 전자레인지 정도는 있다), 즉석식품이나 샌드위치 거리 정도를 사서 해먹기 괜찮다. 매일 핫도그와 햄버거로 버티기는 힘들 것이다. 숙소주인에게 근처에 큰 마트가 어디 있는지 물어보자.

100일만에 10cm

서지산 2017

초판 1쇄 발행 2017년 02월 28일

지은이   서지산
펴낸이   조전회
디자인   아트미디어(주)

펴낸곳   도서출판 새라의 숲
출판등록   2014년 10월 7일 제2014 - 000039호

전자우편   veronic7@naver.com
팩스   031-624-5558

ISBN   979-11-88054-008   03920

이 도서의 국립중앙도서관 출판시도서목록(CIP)은 서지정보유통지원시스템 홈페이지 (http://seoji.nl.go.kr)와 국가자료공동목록시스템(http://www.nl.go.kr/kolisnet)에서 이용하실 수 있습니다.(CIP제어번호 : CIP2017003127)